SCHMITT 1964

ŒUVRES COMPLÈTES

DE

SIR WALTER SCOTT

Traduction Nouvelle.

PARIS,

LIBRAIRIE DE CHARLES GOSSELIN,

rue Saint-Germain-des-Prés, N° 9.

M DCCC XXXIII.

ÉVERAT, IMPRIMEUR.

OEUVRES COMPLÈTES

DE

SIR WALTER SCOTT.

TOME QUATRE-VINGT-DEUXIÈME.

IMPRIMERIE D'ÉVERAT,

RUE DU CADRAN, N° 16.

CONTES DE MON HOTE.

(Tales of my Landlord.)

4ᵉ ET DERNIÈRE SÉRIE.

TOME DEUXIÈME.

ROBERT,

COMTE DE PARIS.

ROBERT, COMTE DE PARIS.

(𝕮𝖔𝖚𝖓𝖙 𝕽𝖔𝖇𝖊𝖗𝖙 𝖔𝖋 𝕻𝖆𝖗𝖎𝖘.)

CHAPITRE X.

> C'était un temps étrange, — antipodes du nôtre.
> Bien des dames alors se plaisaient à se voir
> Dans l'acier d'un écu plutôt qu'en un miroir;
> Prisaient un ennemi résistant à leurs armes
> Plus qu'un amant soumis se rendant à leurs charmes.
> La nature par là se voyait outrager,
> Mais la nature aussi savait bien s'en venger.
> *Les Siècles féodaux.*

Brenhilda, comtesse de Paris, était une des Amazones que, pendant la première croisade, on vit, par un travers aussi général que pouvait l'être un usage contre nature, se hasarder volontairement dans les premiers rangs des combattans ; modèles vivantes de ces Marphise et de ces Bradamante, que les romanciers se plaisaient à décrire, en les armant quelquefois ou d'une cuirasse impénétrable, ou d'une lance aux coups de laquelle rien ne pouvait résister, afin de rendre moins invraisemblable la victoire qu'ils accordaient souvent au sexe le plus faible sur la portion masculine du genre humain.

Mais le talisman de Brenhilda était plus simple, et n'était autre chose que sa grande beauté.

Depuis sa première jeunesse, elle avait dédaigné les occupations ordinaires de son sexe, et ceux qui se hasardèrent à prétendre à la main de la jeune dame d'Aspramont, nom d'un fief militaire dont elle avait hérité, et qui entretenait peut-être ses goûts belliqueux, reçurent pour réponse qu'ils devaient d'abord la mériter en champ clos. Le père de Brenhilda était mort, et sa mère était d'un caractère si facile que la jeune dame en faisait aisément tout ce qu'elle voulait.

Les nombreux amans de Brenhilda consentirent volontiers à une condition qui était trop d'accord avec les mœurs du siècle pour être refusée. Un tournoi eut lieu au château d'Aspramont, et la moitié des braves champions mordirent la poussière sous les coups de leurs rivaux plus heureux, et sortirent de la lice confus et désespérés. Les vainqueurs s'attendaient à être appelés à joûter les uns contre les autres ; mais ils furent bien surpris quand on les informa des volontés ultérieures de la jeune dame. Elle aspirait elle-même à porter une armure, à manier une lance, et à monter un coursier, et elle pria les chevaliers de permettre à une dame pour laquelle ils professaient des sentimens si honorables, de prendre part à leurs jeux chevaleresques. Les chevaliers reçurent courtoisement leur jeune maîtresse dans l'arène, et sourirent à l'idée de lui voir tenir tête à tant de braves champions de leur sexe. Mais les vassaux et les vieux serviteurs du comte son père se regardèrent aussi en souriant, et se promirent un résultat tout différent de celui qu'attendaient les galans. Les chevaliers qui coururent contre la belle Brenhilda furent désarçonnés les uns après les autres; et l'on ne peut nier que joûter contre une des plus belles femmes de ce temps ne fût une situation fort embarrassante. Chaque chevalier craignait de faire usage de toute sa force en la frappant de sa lance, n'osait donner pleine carrière à son coursier, en un mot ne voulait pas faire tout ce qui aurait été nécessaire pour s'assurer la victoire, de peur de la remporter aux dépens de la vie de sa belle antagoniste. Mais la dame d'Aspramont n'était pas une femme qu'on pût vaincre sans mettre en œuvre toutes ses forces et tous ses talens. Les amans vaincus se retirèrent de la lice, d'autant plus confus de leur défaite, que vers le soir Robert de Paris arriva, et, ayant appris ce qui se passait, il envoya son nom aux barrières de la lice, en annonçant qu'ils ne prétendait pas au prix du tournoi si la fortune le lui accordait, attendu qu'il n'y était amené ni par l'envie de posséder des terres ni par les charmes d'une femme. Brenhilda, piquée et mortifiée, prit une nouvelle lance, monta sur son meilleur coursier, et s'avança dans la lice en femme déterminée à punir ce nouvel assaillant du mépris qu'il semblait faire de ses charmes. Mais soit que son mécontentement nuisît à son adresse ordinaire, soit que, comme beaucoup d'autres femmes, elle sentît un faible pour un homme qui ne montrait pas un désir particulier de gagner son cœur, soit enfin, comme on le dit souvent en pareilles occasions, que son heure fatale fût arrivée, le comte Robert joûta contre elle avec son bonheur ordinaire. Brenhilda d'Aspramont fut désarçonnée, son casque tomba, elle resta étendue par terrre, et ses beaux traits, naguère si vermeils, et maintenant couverts d'une pâleur mortelle, étant exposés aux yeux du vainqueur, produisirent leur effet naturel en rehaussant dans son esprit le prix de la victoire. Fidèle à la résolution qu'il avait annoncée, il allait quitter le château, lorsque la mère de Brenhilda intervint à propos; et s'étant assurée que la jeune héritière n'avait reçu aucune blessure sérieuse, elle fit ses remercîmens à l'étranger d'avoir donné une leçon à sa fille, qui, à ce qu'elle espérait, ne l'oublierait pas aisément. Engagé par elle à faire ce qu'il désirait secrètement, le comte Robert prêta l'oreille aux sentimens qui lui conseillaient tout bas de ne pas se presser de partir.

Il était du sang de Charlemagne, et, ce qui était encore plus important aux yeux de la jeune dame, c'était un des chevaliers normands les plus renommés. Après avoir passé dix jours au château d'Aspramont, le comte Robert en partit avec Brenhilda et un cortége convenable pour aller célébrer leur mariage à la chapelle de Notre-Dame des Lances Rompues, car telle était la volonté de Robert. Deux chevaliers, qui, suivant la coutume de ce lieu, y attendaient des assaillans, éprouvèrent un moment d'humeur, en voyant arriver une cavalcade qui semblait avoir toute autre chose à faire que de se mesurer avec eux. Mais ils furent bien surpris en recevant un cartel des deux futurs époux, qui se félicitèrent de commencer leur vie matrimoniale d'une manière si conforme à celle qu'ils avaient menée jusqu'alors. Ils furent victorieux, suivant leur usage, et les seuls individus qui eurent lieu de regretter la complaisance du comte et de sa future épouse furent les deux étrangers, dont l'un eut un bras cassé et l'autre la clavicule disloquée dans cette rencontre.

Le mariage du comte Robert ne parut pas interrompre le moins du monde sa vie de chevalier errant. Au contraire, lorsqu'il était appelé à soutenir sa réputation, sa femme ne se distinguait pas moins par ses exploits belliqueux, et elle avait une soif de renommée égale à celle de son mari. Ils prirent tous deux la croix en même temps, cette folie étant celle qui dominait alors en Europe.

La comtesse Brenhilda avait alors vingt-six ans passés, et elle possédait autant de beauté que peut en avoir une Amazone. Elle était de la plus grande taille de femme, et ses traits nobles, malgré le nombre de ses travaux guerriers, étaient légèrement hâlés par le soleil, ce qui faisait ressortir encore la blancheur éclatante des parties de son visage qui n'étaient pas ordinairement découvertes.

En donnant des ordres pour que son cortége retournât à Constantinople, Alexis dit quelques mots en particulier à l'Acolouthos Achillès Tatius. Le satrape y répondit en inclinant la tête avec soumission, et se retira séparément avec quelques soldats. La principale route conduisant à la ville était, comme on doit le penser, couverte de troupes et d'une foule nombreuse de spectateurs, qui tous souffraient plus ou moins de la chaleur et de la poussière.

Robert, comte de Paris, avait fait embarquer ses chevaux et toute sa suite à l'exception d'un vieil écuyer, d'un valet, et d'une suivante de sa femme. Il éprouva dans cette foule plus de gêne qu'il ne l'aurait voulu, d'autant plus que sa femme la partageait avec lui. Il commença donc à regarder du côté des arbres épars qui bordaient la côte à une grande distance, pour tâcher de découvrir quelque sentier moins direct qui pût les conduire à la ville par un plus long détour, mais d'une manière plus agréable, et leur offrir en même temps, ce qu'ils venaient surtout chercher dans l'Orient, quelques spectacles étranges, ou des aventures de chevalerie. Un chemin large et battu parut leur promettre toutes les jouissances que l'ombre peut procurer dans un climat chaud. Quoiqu'il fît plusieurs détours, le terrain était agréablement diversifié par des temples, des églises, des kiosques, et, çà et là, une fontaine distribuait son tribut argentin, comme un être bienveillant qui se refuse à lui-même ce dont il est libéral pour tous ceux qui sont dans le besoin. Les sons éloignés d'une musique martiale qui arrivaient jusqu'à eux les charmèrent encore en chemin d'autant plus qu'en retenant la populace sur la grande route, ils mettaient les deux étrangers à l'abri de l'inconvénient d'avoir de nombreux compagnons de voyage.

Ravis de la diminution de la chaleur du jour, regardant avec surprise les divers genres d'architecture, les accidens, nouveaux pour eux, du paysage, et les tableaux de mœurs qu'offraient à leurs yeux ceux qu'ils rencontraient, ils continuèrent à avancer sans obstacle. Un homme attira particulièrement l'attention de la comtesse Brenhilda. C'était un vieillard de grande taille, paraissant si profondément occupé d'un rouleau de parchemin qu'il tenait à la main qu'il ne faisait aucune attention aux objets qui l'entouraient. Des pensées profondes semblaient siéger sur son front ; et son œil avait ce regard perçant qui semble destiné à découvrir et à séparer, dans toute discussion humaine, ce qui est grave et instructif de ce qui est frivole, pour s'en occuper exclusivement. Levant lentement les yeux du parchemin sur lequel ils étaient fixés, le regard d'Agélastès, car c'était le sage lui-même, rencontra ceux du comte Robert et de son épouse ; et leur adressant la parole en employant l'épithète amicale « mes enfans, » il leur demanda s'ils étaient égarés, et s'il pouvait faire quelque chose pour leur rendre service.

— Nous sommes étrangers, mon père, répondit le comte, nous venons d'un pays lointain, et nous faisons partie de l'armée de pélerins qui a passé par ici. Un seul motif nous a amenés, et il nous est commun, comme nous l'espérons, avec toute cette armée. Nous désirons nous acquitter de nos dévotions sur les lieux où la grande rançon a été payée pour nous, et délivrer, à l'aide de nos bonnes épées, la Palestine asservie, de l'usurpation et de la tyrannie des Infidèles. En vous parlant ainsi, nous vous désignons le mobile le plus puissant de notre entreprise. Cependant Robert de Paris et son épouse ne mettraient pas volontiers le pied sur un sol qui ne retentirait pas du bruit de leurs pas, et ils achèteraient une vie éternelle de renommée, fût-ce au prix de leur existence mortelle.

— Vous seriez donc prêt à risquer vos jours pour de la gloire, quand même la mort devrait être le résultat de vos nobles efforts?

— Assurément; et quiconque porte une ceinture comme celle-ci n'est pas étranger à ce désir.

— Et, à ce que je comprends, votre épouse partage cette résolution intrépide.

— Vous pouvez, si telle est votre fantaisie, faire peu de cas du courage d'une femme, mon père, dit la comtesse; mais je parle en présence d'un témoin qui peut attester que je dis la vérité quand je proteste qu'un homme qui n'aurait que la moitié de votre âge n'aurait pas exprimé ce doute impunément.

— Que le ciel me protége contre l'éclair que la colère ou le mépris a allumé dans vos yeux, dit Agélastès. Je porte sur moi un égide qui me garantit de ce que j'aurais craint sans cela. Mais l'âge, avec ses infirmités, a aussi ses avantages. C'est peut-être un homme comme moi que vous désirez trouver; et en ce cas je serais heureux de vous rendre tous les services qu'il est de mon devoir d'offrir à tout digne chevalier.

— J'ai déjà dit qu'après l'accomplissement de mon vœu, répondit le comte Robert, en levant les yeux au ciel et en faisant le signe de la croix, il n'est rien sur la terre que j'aie plus à cœur que de rendre mon nom célèbre par les exploits qui conviennent à un vaillant chevalier. L'homme qui meurt obscur meurt pour toujours. Si Charles, un de mes ancêtres, n'eût jamais quitté les misérables bords de la Saale, il n'aurait été guère plus connu qu'un vigneron taillant sa vigne sur le même territoire. Mais il se comporta en brave, et son nom est immortel dans la mémoire des hommes.

— Jeune homme, dit le vieux Grec, il est rare que des hommes tels que vous, que je suis à même de servir et d'apprécier, visitent ce pays; mais il n'en est pas moins vrai que je suis en état de vous être utile dans l'affaire que vous avez tant à cœur. Mes relations avec la nature ont été si longues et si intimes, que, pendant qu'elles duraient, elle a disparu à mes yeux, et j'ai vu s'ouvrir devant moi un autre monde avec lequel elle n'a que bien peu de chose de commun. Les trésors curieux que j'ai ainsi amassés ne peuvent être découverts par les recherches des autres hommes, et ne doivent pas être exposés aux yeux de ceux dont les prouesses sont concentrées dans le cercle des probabilités ordinaires de la simple nature. Nul romancier, dans votre pays romantique, n'a jamais trouvé dans son imagination des aventures aussi extraordinaires, et aussi propres à exciter l'étonnement stupide de ceux qui les écoutent, que celles que je sais, qui ne sont pas de frivoles inventions, mais qui sont fondées sur la réalité en même temps que je peux fournir les moyens de les mettre à fin.

— Si vous parlez sincèrement, dit le comte français, vous avez trouvé un de ceux que vous désirez;

et mon épouse et moi nous n'avancerons point d'un seul pas sur cette route avant que vous ne nous ayez indiqué quelqu'une de ces aventures qu'il est du devoir des chevaliers errans de chercher par tous les moyens possibles.

A ces mots, il s'assit à côté du vieillard ; et son épouse, avec un degré de respect qui avait eu soi quelque chose de comique, suivit son exemple.

— Voilà une heureuse rencontre, Brenhilda, dit le comte Robert ; notre ange gardien a veillé sur nous avec soin. Nous sommes venus ici au milieu d'une cohue de pédans ignorans, bavardant dans une langue absurde, et attachant plus d'importance au moindre regard que daigne accorder un empereur poltron qu'au meilleur coup de lance qu'un bon chevalier puisse porter. Sur ma foi ! j'étais sur le point de croire que nous avions eu tort de prendre la croix.
— Dieu me pardonne cette pensée impie ! Et cependant, à l'instant même où nous désespérions de trouver la route de la renommée, nous rencontrons ici un de ces dignes hommes que les chevaliers errans d'autrefois avaient coutume de trouver assis près des fontaines, des croix, des autels, et qui étaient disposés à leur apprendre où ils pouvaient acquérir de la renommée. — Ne le trouble pas, Brenhilda ; laisse-lui le temps de se rappeler ses anciens temps ; et tu verras qu'il nous enrichira du trésor des connaissances qu'il a acquises.

— Si je suis resté sur la terre, dit Agélastès après quelques momens de silence, au-delà du terme fixé communément à la vie humaine, j'en serai plus que récompensé en consacrant ce qui me reste d'existence au service du couple si dévoué à la chevalerie. — La scène de l'histoire qui se présente la première à mon esprit est notre Grèce, contrée si fertile en aventures ; et je vais vous la raconter brièvement :

« Bien loin d'ici, dans notre célèbre archipel grec, au milieu de tempêtes et d'ouragans, de rochers qui, suspendus sur des abîmes, semblent se précipiter les uns contre les autres, et de flots qui ne sont jamais en paix, se trouve l'île opulente de Zulichium. Elle ne compte, malgré sa richesse, qu'un très-petit nombre d'habitans, qui ne demeurent que sur les bords de la mer. L'intérieur de cette île est une immense montagne, ou plutôt une pile de montagnes, au milieu desquelles ceux qui en osent approcher peuvent distinguer les tours antiques couvertes de mousse et les pinacles d'un château magnifique, mais tombant en ruines, résidence de la souveraine, qui y est retenue depuis bien des années par un enchantement.

» Un intrépide chevalier, qui était en pèlerinage à Jérusalem, fit vœu de délivrer cette malheureuse victime de la sorcellerie et de la cruauté. Il s'indignait avec raison que les puissances des ténèbres pussent avoir quelque autorité si près de la Terre-Sainte, qu'on pourrait appeler la source de la lumière. Deux des plus vieux habitans de l'île entreprirent de le conduire aussi près qu'ils l'oseraient de la porte principale du château, et ils n'en approchèrent qu'à la distance de la portée d'une flèche. Abandonné ainsi à lui-même, le brave Franc continua sa route avec un cœur intrépide, et sans autre appui que le ciel. L'édifice dont il approchait annonçait, par sa masse colossale et par la richesse de son architecture, le pouvoir et l'opulence du potentat qui l'avait fait construire. Les portes d'airain s'ouvrirent d'elles-mêmes, comme si c'eût été d'espoir et de plaisir, et des voix aériennes se firent entendre autour des clochers et des tours, félicitant peut-être le génie de ce lieu de l'arrivée prochaine d'un libérateur.

» Le chevalier avança, non sans émotion et surprise, mais sans aucun mélange de crainte ; et la splendeur gothique qu'il voyait partout était de nature à lui donner une haute idée de la beauté de la souveraine pour laquelle une prison avait été si richement décorée. Des gardes, portant le costume et les armes de l'Orient, étaient sur les remparts et les fortifications, paraissant prêts à bander leurs arcs ; mais ces guerriers étaient immobiles et silencieux, et ils ne firent pas plus d'attention à l'arrivée du chevalier armé de toutes pièces que si un moine ou un ermite se fût approché de leur poste. Ils vivaient, et pourtant, privés de la jouissance de leurs forces et de leurs sens, ils pouvaient être considérés comme morts. Si l'ancienne tradition était vraie, le soleil et la pluie étaient tombés sur eux pendant plus de quatre cents changemens de saison, sans qu'ils sentissent le froid de l'une et la douce chaleur de l'autre. Comme il était arrivé aux Israélites dans le désert, leurs souliers ne s'étaient point usés, et leurs vêtemens n'avaient point vieilli. Le temps devait les retrouver comme il les avait laissés, sans aucun changement. »

Alors le philosophe commença à leur raconter ce qu'il avait appris de la cause de cet enchantement.

« Le sage à qui ce charme puissant est attribué

était un des mages qui suivaient les dogmes de Zoroastre. Il était venu à la cour de cette jeune princesse, qui lui prodigua toutes les attentions que pouvait lui inspirer la vanité satisfaite ; et bientôt elle perdit le respect qu'elle avait d'abord eu pour ce grave personnage, en reconnaissant l'ascendant que sa beauté lui donnait sur lui. Ce n'était pas une chose difficile, — c'est un fait qu'on voit arriver tous les jours : — car une belle femme entraîne aisément l'homme sage dans ce qu'on appelle assez convenablement le paradis des fous. Le philosophe voulut se permettre des amusemens de jeune homme que son âge rendait ridicules. Il pouvait commander aux élémens, mais le cours ordinaire de la nature était hors de son pouvoir. Quand donc il exerçait sa puissance magique, les montagnes se courbaient et la mer reculait ; mais quand le sage voulut essayer de briller à la danse comme les jeunes princes de Zulichium, les jeunes gens des deux sexes détournèrent la tête, de peur de montrer trop ouvertement ce qu'ils pensaient du ridicule de sa conduite.

» Malheureusement si les vieillards, et même les plus sages d'entre eux, peuvent s'oublier, les jeunes gens, de leur côté, s'unissent naturellement pour épier leurs faibles, et s'amuser de leurs ridicules. La princesse jeta bien des regards à la dérobée sur les personnes de sa suite, pour indiquer la nature de l'amusement qu'elle trouvait dans les attentions de son amant formidable. Peu à peu elle prit moins de précaution, et le vieillard surprit un coup d'œil qui lui fit reconnaître qu'il n'était qu'un objet de ridicule et de mépris pour celle à qui il avait donné toute son affection. La terre ne connaît pas de passion plus cruelle que l'amour changé en haine, et tandis qu'il regrettait vivement sa faiblesse, il n'en était pas moins enflammé de ressentiment de la conduite folle et légère de la princesse.

» Mais s'il était embrasé de courroux, il eut l'art de le cacher. Pas un mot, pas un regard n'exprima le cruel désappointement qu'il éprouvait. Un nuage sombre, répandu sur son front, fut le seul présage de la tempête qui se préparait. La princesse fut un peu alarmée; d'ailleurs elle avait un excellent naturel, et si elle s'était amusée aux dépens du vieillard, c'était involontairement plutôt que par un acte de malice préméditée. Elle vit la mortification qu'il éprouvait, et elle espéra l'apaiser en s'approchant de lui, quand on fut sur le point de se séparer, et en lui disant « bonsoir » d'un ton plein de bonté.

« — Vous parlez bien, ma fille, répondit le sage; — bonsoir ! — Mais, de tous ceux qui m'entendent, qui dira bonjour ?

» On fit peu d'attention à ces mots. Cependant deux ou trois personnes, qui connaissaient le caractère du sage, s'enfuirent de l'île pendant la nuit, et leur rapport fit connaître les circonstances qui avaient immédiatement précédé le charme extraordinaire qui fut jeté sur tous ceux qui étaient restés dans le château. Un sommeil semblable à celui de la mort s'empara d'eux et ne les quitta plus. La plupart des habitans abandonnèrent l'île, et ceux qui y restèrent n'eurent garde de s'approcher du château, et attendirent que quelque chevalier hardi et aventureux occasionât cet heureux réveil que le discours du magicien paraissait jusqu'à un certain point annoncer.

» Jamais il n'y eut plus de sujet d'espérer que ce réveil aurait lieu, que lorsque Artavan de Hautlieu porta un pied hardi dans la tour du château enchanté. A sa gauche étaient le palais et la tour ; mais la droite, plus attrayante, semblait inviter à entrer dans les appartemens des femmes. Près d'une porte latérale, et appuyés sur un lit de repos, deux gardes du harem, dont la main serrait la poignée de leur sabre nu, et dont les traits défigurés annonçaient moitié le sommeil, moitié la mort, semblaient menacer quiconque oserait approcher d'eux. Cet air de menace n'effraya point Artavan de Hautlieu. Il s'avança vers la porte, qui s'ouvrit d'elle-même, comme celle de la grande entrée du château. Il entra alors dans un corps-de-garde où il trouva de semblables soldats ; et l'examen le plus attentif ne put lui faire découvrir si c'était le sommeil ou la mort qui glaçait leurs yeux fixes et menaçans. Sans s'inquiéter de ces sentinelles lugubres, Artavan entra dans un appartement où plusieurs esclaves, remarquables par leurs charmes, étaient dans l'attitude de jeunes beautés qui avaient déjà pris leur costume de nuit. Il y aurait eu dans cette scène de quoi arrêter un pèlerin aussi jeune qu'Artavan de Hautlieu ; mais il ne pensait qu'à mettre fin à l'aventure qu'il avait entreprise pour rendre la liberté à la belle princesse, et il ne se laissa distraire de ce but par aucune autre considération. Il s'avança donc vers une petite porte d'ivoire, qui, après un moment d'hésitation, comme par une modestie virginale, s'ouvrit de même que les autres, et lui permit d'entrer dans la chambre à coucher de la princesse elle-même. Une douce lumière, semblable à celle du soir, pénétrait dans cet appartement, où semblait réuni tout ce qui pouvait procurer un sommeil délicieux. Les coussins amoncelés, formant une couche magnifique, semblaient touchés plutôt que pressés par la forme d'une nymphe de quinze ans : c'était la belle et célèbre princesse de Zulichium. »

— Sans vous interrompre, bon père, dit la comtesse Brenhilda, il me semble que nous pouvons nous figurer une femme endormie, sans que vous ayez besoin d'entrer dans tant de détails, et qu'un tel sujet ne convient guère ni à votre âge ni au nôtre.

— Pardon, notre dame, dit Agélastès; mais ce passage de mon histoire a toujours été celui qu'on a le plus goûté : et si je le supprime, par déférence pour vos ordres, faites attention, je vous prie, que je vous fais le sacrifice du plus beau passage de ma narration.

— Brenhilda, dit le comte, je suis surpris que vous songiez à interrompre une histoire dont le récit a été si animé jusqu'ici. Quelques mots de plus ou de moins doivent nous être assez indifférens, et ils peuvent être nécessaires à l'intelligence de l'histoire.

— Comme il vous plaira, répondit son épouse en se rejetant nonchalamment en arrière; mais il me semble que le digne père prolonge son récit à un tel point qu'il devient plus futile qu'intéressant.

— Brenhilda, dit le comte, voici la première fois que j'ai remarqué en vous la faiblesse d'une femme.

— Comte Robert, répliqua Brenhilda, je puis dire

aussi bien que c'est la première fois que vous m'avez montré l'inconstance de votre sexe.

— Dieux et déesses ! s'écria le philosophe, a-t-on jamais vu querelle plus absurde ! La comtesse est jalouse d'une femme que son mari ne verra probablement jamais ; et il n'est pas moins probable que la princesse de Zulichium est perdue pour le monde, comme si la tombe s'était déjà refermée sur elle.

— Continuez, dit Robert: si sir Artavan de Haut-lieu n'a pas accompli la délivrance de la princesse de Zulichium, je fais vœu à Notre-Dame des Lances Rompues...

— Souvenez-vous, dit son épouse en l'interrompant, que vous avez déjà fait vœu de délivrer le saint-sépulcre : et il semble que c'est un engagement auquel doit céder tout autre vœu d'une nature plus légère.

— Fort bien, madame, fort bien, dit le comte Robert, qui n'était qu'à demi satisfait de cette interruption. Vous pouvez bien être assurée que je ne m'engagerai dans aucune entreprise qui puisse me faire négliger la conquête du saint-sépulcre, à laquelle nous devons travailler avant tout.

— Hélas ! dit Agélastès, la distance de Zulichium à la route la plus courte du saint-sépulcre est si peu de chose que...

— Digne père, dit la comtesse, nous entendrons, s'il vous plaît, votre histoire jusqu'à la fin, et nous verrons alors ce que nous avons à faire. Nous autres dames normandes, comme descendant des anciens Germains, nous réclamons de nos seigneurs et maîtres d'avoir voix dans le conseil qui précède la bataille, et notre assistance dans le combat n'a pas toujours été regardée comme inutile.

Le ton dont elle prononça ces mots fut un avis indirect peu agréable au philosophe, qui commença à prévoir qu'il lui serait plus difficile qu'il ne l'avait supposé, d'exercer de l'influence sur le chevalier tant qu'il aurait sa femme à son côté. Il baissa donc un peu son ton oratoire, et évita ces descriptions trop vives qui avaient offensé la comtesse Brenhilda.

« Sir Artavan de Hautlieu, dit l'histoire, réfléchit à la manière dont il accosterait la princesse endormie, et au moyen qu'il devait employer pour réussir à rompre le charme qui avait été jeté sur elle. C'est à vous à juger, belle dame, s'il eut tort de croire que ce moyen devait être un baiser sur les lèvres de la princesse. »

La couleur des joues de Brenhilda devint plus vive, mais elle ne crut pas que cette observation méritât une réponse.

« Jamais action si innocente, continua le philosophe, ne produisit un effet plus horrible. La clarté délicieuse d'une soirée d'été se changea tout à coup en une étrange et sombre lueur, fortement imprégnée de soufre, à tel point qu'il était presque impossible de respirer dans l'appartement. Les riches tapisseries, le splendide ameublement, et les murs même de cette chambre, se changèrent en pierres énormes amoncelées au hasard, comme l'intérieur de l'antre de quelque animal sauvage; et cet antre n'était pas sans habitant. Les belles et innocentes lèvres dont sire Artavan de Hautlieu avait approché les siennes, prirent la forme hideuse et bizarre et l'aspect affreux d'un dragon vomissant le feu. Ce dragon agita un moment ses ailes, et l'on dit que si sire Artavan eût eu le courage de répéter trois fois son premier salut, il serait resté maître de toutes les richesses et de la personne de la princesse ; mais l'occasion était perdue, et le dragon déployant ses larges ailes, s'envola par une fenêtre de côté, en poussant de grands cris de désappointement. »

Là finit l'histoire d'Agélastès. — On suppose, ajouta-t-il, que la princesse subit encore son destin dans l'île de Zulichium, et plusieurs chevaliers ont tenté cette aventure. Je ne sais si la timidité les empêcha de prendre un baiser sur la bouche de la princesse endormie, ou s'ils craignirent d'approcher d'elle après sa métamorphose en dragon ; mais le fait est que le charme n'a été pas encore rompu. Je connais le chemin, et, si vous dites un mot, vous pouvez être demain sur la route de ce château enchanté.

La comtesse entendit cette proposition avec la plus vive inquiétude, car elle savait qu'en s'y opposant elle pouvait déterminer irrévocablement son mari à entreprendre cette aventure. Elle resta donc l'air timide et embarrassé, chose étrange dans une femme dont le maintien était ordinairement si intrépide ; et sans chercher à exercer quelque influence sur le comte Robert, elle lui laissa prudemment le soin de prendre la résolution qu'il jugerait convenable.

— Brenhilda, dit-il en lui prenant la main, il n'est point de chevalier à qui la renommée et l'honneur soient plus chers qu'à ton époux. Tu as fait pour moi, je puis le dire, ce que j'aurais en vain attendu d'autres dames de ta condition, et par conséquent tu as droit de t'attendre à avoir une voix prépondérante dans une pareille délibération. Pourquoi es-tu à errer sur les côtes d'un pays étranger et malsain, au lieu d'être sur les bords aimables de la Seine? Pourquoi portes-tu un costume si peu ordinaire à ton sexe? Pourquoi braves-tu la mort, et la comptes-tu pour peu de chose en comparaison de la honte? N'est-ce pas pour que le comte de Paris ait une épouse digne de lui? Crois-tu que cette affection soit mal placée? Non, de par tous les saints! Ton chevalier y répond comme il le doit, et il te sacrifie d'avance toutes les pensées que ton affection pourrait ne pas approuver entièrement.

La pauvre Brenhilda, dont l'esprit était en désordre par suite des diverses émotions qui l'agitaient, chercha alors en vain à conserver le maintien héroïque qu'exigeait d'elle le caractère d'amazone. Elle voulut prendre l'air fier et majestueux que la nature lui avait donné, mais, échouant dans cet effort, elle se jeta entre les bras du comte, pencha la tête sur la poitrine de son époux, et pleura comme une jeune villageoise dont l'amant est forcé de partir pour la guerre. Son mari, un peu honteux, quoique ému par cet élan d'affection de la part d'une femme dont le caractère ne semblait pas devoir en être ordinairement susceptible, fut en même temps charmé et même fier d'avoir éveillé une tendresse si douce et si véritable dans une âme si magnanime et si intrépide.

— Allons, ma Brenhilda! lui dit-il, je ne voudrais te voir ainsi ni pour toi, ni pour moi. Ne laisse pas ce sage vieillard supposer que ton cœur est formé du métal malléable qui compose celui des autres femmes, et fais-lui tes excuses, en termes dignes de toi, de m'avoir empêché de tenter l'aventure de Zulichium, comme il m'y engage.

Il ne fut pas facile à Brenhilda de reprendre son sang-froid après avoir donné un exemple si frappant de la manière dont la nature sait faire valoir ses droits, quelle que soit la rigueur avec laquelle elle ait été maîtrisée. Elle se détacha de son mari en lui jetant un regard d'affection ineffable, et, lui tenant encore la main, elle tourna vers le vieillard un visage sur lequel les larmes à demi essuyées avaient fait place à un sourire de plaisir et de modestie, et parla à Agélastès comme à un homme qu'elle respectait et à l'égard duquel elle avait quelque tort à réparer.

— Mon père, lui dit-elle avec respect, ne soyez pas fâché contre moi si j'ai mis obstacle à ce qu'un des meilleurs chevaliers qui aient jamais monté un coursier ait tenté de délivrer votre princesse enchantée; mais la vérité est que, dans notre pays, où la chevalerie et la religion s'accordent pour ne permettre qu'une seule maîtresse, qu'une seule épouse, nous ne voyons pas avec beaucoup de plaisir nos maris s'exposer aux dangers, surtout quand il s'agit de secourir des damoiselles, et que... et que la rançon à payer pour elles consiste en baisers. J'ai autant de confiance en la fidélité de mon Robert qu'une femme peut en accorder au chevalier qui l'aime, mais cependant...

— Aimable dame, dit Agélastès, qui, malgré son caractère froid et stoïque, ne put s'empêcher d'être touché de l'affection simple et sincère de ce jeune et beau couple, vous n'avez eu aucun tort. La situation de la princesse n'est pas pire qu'elle n'était, et l'on ne peut douter que le chevalier qui doit la délivrer ne paraisse à l'époque fixée par le destin.

La comtesse laissa échapper un sourire mélancolique et secoua la tête. — Vous ne savez pas, dit-elle, de quelle aide puissante j'ai malheureusement privé cette infortunée princesse, par une indigne et injuste jalousie, comme je le sens à présent. Tel en est mon regret, que je pourrais trouver dans mon cœur assez de force pour rétracter l'opposition que j'ai mise à ce que le comte Robert tentât cette aventure. Elle regarda son mari avec quelque inquiétude, en femme qui aurait fait une offre qu'elle ne voudrait pas voir accepter; et elle ne reprit courage que lorsque le comte eut dit d'un ton décidé : — Brenhilda, cela ne peut être.

— Et en ce cas, demanda la comtesse, pourquoi Brenhilda ne pourrait-elle pas elle-même tenter cette entreprise? Elle ne peut craindre ni les charmes de la princesse, ni les flammes du dragon.

— Madame, répondit Agélastès, la princesse doit être éveillée par un baiser d'amour et non d'amitié.

— C'est une raison suffisante, dit la comtesse en souriant, pour qu'une femme ne se soucie pas que son mari entreprenne une aventure qui ne peut être mise à fin qu'à une telle condition.

— Noble ménestrel, ou héraut, ou quel que soit le nom qu'on vous donne en ce pays, dit le comte Robert, acceptez une faible marque de reconnaissance pour nous avoir fait passer une heure si agréable, quoique malheureusement sans utilité. Je devrais vous prier d'excuser le peu de valeur de mon offrande, mais les chevaliers français, vous pouvez le savoir, ont plus de renommée que de richesse.

— Ce n'est pas cette raison qui me fait refuser cette marque de votre munificence, noble seigneur, répondit Agélastès. Un seul besant, reçu de votre digne main ou de celle de votre magnanime épouse, tirerait un prix infini à mes yeux de l'éminence des personnes qui me l'auraient donné. Je le suspendrais à mon cou par une chaîne de perles, et lorsque je serais en présence de chevaliers et de dames, je proclamerais que ce présent m'a été fait par le célèbre Robert, comte de Paris, et par son épouse incomparable.

Le chevalier et la comtesse se regardèrent l'un l'autre, et la dame, ôtant de son doigt une bague d'or, pria le vieillard de l'accepter comme une marque de son estime et de celle de son époux.

— Ce sera à une condition, dit le philosophe, et j'espère que vous ne la trouverez pas tout-à-fait fâcheuse. Sur le chemin le plus agréable qui conduise d'ici à Constantinople, j'ai un petit kiosque, ou ermitage, lieu de retraite où je reçois quelquefois mes amis, et j'ose dire que ce sont les personnes les plus respectables de cet empire. Deux ou trois d'entre eux honoreront probablement aujourd'hui ma demeure de leur présence et partageront les rafraîchissemens que je puis leur offrir. Si je pouvais y joindre la compagnie des nobles comte et comtesse de Paris, je regarderais mon humble habitation comme honorée pour toujours.

—Qu'en dites-vous, ma noble épouse? dit le comte. La compagnie d'un ménestrel convient à la plus haute naissance, honore le plus haut rang, et ajoute à la splendeur des plus grands exploits. Cette invitation nous fait trop d'honneur pour être rejetée.

— Il se fait tard, répondit la comtesse, mais nous ne sommes pas venus ici pour fuir le soleil couchant ou un firmament rembruni; et je regarde comme un devoir et un plaisir pour moi de céder, autant qu'il m'est possible, à tous les désirs du bon père, pour qu'il me pardonne d'avoir été cause que vous n'ayez pas suivi son avis.

— La distance est si courte, dit Agélastès, que nous ferons mieux de faire le chemin à pied, à moins que madame ne désire un cheval.

— Point de cheval pour moi! s'écria la comtesse Brenhilda. Ma suivante, Agathe, est chargée de tout ce qui m'est nécessaire, et quant au reste, jamais chevalier n'a voyagé encombré de si peu de bagages que mon époux.

Agélastès leur montra le chemin à travers le bois, et ses hôtes le suivirent.

CHAPITRE XI.

> En dehors, ce n'étaient que ruines, débris ;
> En dedans, on trouvait un petit paradis,
> Temple où siégeait le Goût ; séjour que la sculpture,
> Le premier-né des arts, enfans de la nature,
> Avait orné partout d'ouvrages admirés,
> En disant aux mortels : « Regardez ! adorez ! »
> *Anonyme.*

Le comte de Paris et son épouse accompagnèrent le vieillard. La perfection avec laquelle Agélastès parlait la langue française, et surtout l'usage heureux qu'il en faisait pour parler de ce qu'on appelait alors histoire et littérature, lui valurent de grands applaudissemens de la part de ses nobles auditeurs : c'était un tribut qu'Agélastès avait eu rarement la vanité de considérer comme lui étant dû, et que Robert de Paris et son épouse n'avaient pas très-souvent payé.

Ils avaient suivi quelque temps un sentier qui tantôt semblait se cacher dans les bois qui descendaient jusque sur la côte de la Propontide, tantôt se montrait à découvert en suivant les rives du détroit, et qui, dans tous ses détours, paraissait n'avoir d'autre désir que de chercher de nouvelles beautés et d'admirables contrastes : c'était un spectacle intéressant par sa nouveauté pous les deux pèlerins. Sur le rivage de la mer, on voyait des nymphes danser et des bergers jouer de la flûte ou battre du tambourin en cadence, comme on les voit représentés dans des groupes d'ancienne sculpture. Les personnages mêmes contribuaient à entretenir l'illusion. A voir les longues robes des vieillards, leurs attitudes, leurs têtes magnifiques, on se croyait reporté au temps des prophètes et des saints; tandis qu'en même temps les traits des jeunes gens rappelaient ou les physionomies expressives des héros de l'antiquité, ou les charmes des femmes aimables qui avaient inspiré leurs exploits.

Mais la race des Grecs, même dans leur pays natal, ne se montrait plus sans mélange et dans toute sa pureté. Au contraire, on voyait des groupes de personnes dont les traits annonçaient une origine différente.

Dans un enfoncement du rivage que le sentier traversait, les rochers, s'écartant de la mer, entouraient et enfermaient en quelque sorte une vaste plaine de sable. Une troupe de Scythes païens, que nos voyageurs y virent, présentaient les traits difformes des démons qu'on disait qu'ils adoraient. Ils avaient le nez plat, avec des narines larges et ouvertes qui semblaient permettre à la vue de pénétrer jusqu'à leur cerveau; la tête plus large qu'elle n'était longue, des yeux étranges, sans intelligence, et placés sous les deux extrémités de leur front; une taille de nain, mais avec des jambes et des bras nerveux d'une force étonnante, et disproportionnés à leurs corps. Au moment où les voyageurs passaient, ces sauvages s'occupaient d'une espèce de tournoi, suivant le terme dont se servit le comte. Ils s'exerçaient en se jetant les uns aux autres de longs roseaux ou bâtons, qu'ils brandissaient et qu'ils lançaient avec une telle force, dans ce divertissement grossier, qu'ils se faisaient assez souvent tomber de cheval et recevaient des blessures sérieuses. Quelques-uns d'entre eux, qui n'étaient pas engagés pour le moment dans ce combat simulé, dévoraient des yeux les charmes de la comtesse, et la regardaient de telle sorte qu'elle dit au comte, son mari : — Je n'ai jamais connu la crainte, Robert, et il ne me convient pas d'avouer que j'en éprouve maintenant, mais si le dégoût fait partie de ce sentiment, ces brutes difformes sont ce qu'il y a de mieux fait pour l'inspirer.

— Holà! ho! sire chevalier! s'écria un de ces infidèles, votre femme ou votre maîtresse a commis une infraction aux priviléges des Scythes impériaux, et le châtiment qu'elle a encouru ne sera pas léger. Vous pouvez continuer votre chemin aussi vite que vous le voudrez, et quitter ce lieu, qui est, pour le présent, notre hippodrome, notre atmeidan (donnez-lui le nom que vous voudrez, suivant que vous préférez la langue des Romains ou celle des Sarrasins); mais quant à votre femme, si le sacrement vous a unis ensemble, croyez-en ma parole, elle ne nous quittera pas sitôt ni si aisément.

— Misérable païen! dit le chevalier chrétien, oses-tu parler ainsi à un pair de France?

Agélastès intervint dans cette querelle; et prenant

le ton imposant d'un courtisan grec, il rappela aux Scythes, soldats à la solde de l'empire, à ce qu'il paraissait, que l'empereur avait strictement défendu, sous peine de mort, tout acte de violence envers les pèlerins européens.

— Je suis mieux instruit que cela ; dit le sauvage d'un ton de triomphe en secouant une couple de javelines armées de grandes pointes d'acier et garnies de plumes d'aigle ensanglantées. — Demandez aux plumes de ma javeline de quel cœur est sorti le sang dont elles sont teintes ; elles vous répondront que, si Alexis Comnène est l'ami des pèlerins européens, c'est seulement quand il est en leur présence ; et nous sommes des soldats trop dévoués pour servir notre empereur autrement qu'il ne le désire.

— Silence, Toxartis ! dit le philosophe ; tu calomnies ton empereur !

— Silence toi-même ! s'écria Toxartis, ou tu me forceras à faire ce qui ne convient pas à un soldat, et je délivrerai le monde d'un vieux radoteur.

A ces mots il étendit le bras pour saisir le voile de la comtesse. Avec la promptitude que l'usage fréquent des armes avait fait acquérir à cette dame belliqueuse, elle se déroba à la main du Barbare, et, d'un seul coup de son sabre bien affilé, l'étendit mort sur la plaine. Le comte sauta sur le cheval du chef qui venait de succomber ; et, poussant son cri de guerre, — Fils de Charlemagne, au secours ! — il se jeta au milieu des Scythes, armé d'une hache d'armes qu'il trouva suspendue à l'arçon de la selle du coursier. Il s'en servit si bien et avec si peu de scrupule, qu'il tua, blessa ou mit en fuite les objets de son courroux, et pas un d'entre eux ne songea un instant à exécuter la menace qu'ils avaient faite.

— Les méprisables manans ! dit la comtesse ; je regrette qu'une seule goutte du sang de ces lâches souille les mains d'un noble chevalier. Ils appellent cet exercice un tournoi, quoique, en s'y livrant, ils ne portent aucun coup qu'en tournant le dos ; et pas un seul n'a le courage de lancer son fétu de paille quand il voit celui d'un autre dirigé contre lui.

— Tel est leur usage quand ils s'exercent devant Sa Majesté impériale, dit Agélastès ; et c'est peut-être moins par lâcheté que par habitude. J'ai vu ce Toxartis tourner littéralement le dos au but en s'éloignant au grand galop, bander son arc et percer le but d'une flèche en plein milieu.

—Une armée composée de tels soldats, dit le comte Robert, qui avait alors rejoint ses amis, ne peut être bien formidable, ce me semble. Il n'y avait pas une once de vrai courage parmi tous ces assaillans.

— Cependant, reprit Agélastès, avançons vers mon kiosque, de peur que ces fuyards ne trouvent des amis qui les encouragent à des projets de vengeance.

— Il me semble, dit le comte Robert, que ces insolens païens ne devraient trouver d'amis dans aucun pays qui se dit chrétien. Si je survis à la conquête du saint-sépulcre, mon premier soin sera de m'informer de quel droit votre empereur garde à son service une bande de coupe-jarrets païens et impertinens, qui osent insulter de nobles dames et des pèlerins paisibles sur la grande route, où doit régner la paix du roi et de Dieu. Cette question est sur la liste de plusieurs auteurs que, mon vœu une fois accompli, je ne manquerai pas de la lui faire; oui, et j'attendrai de lui une réponse, comme on dit, prompte et catégorique.

—Ce n'est pas de moi que vous l'obtiendrez, pensa Agélastès; vos questions, sire chevalier, sont un peu trop positives, et elles sont faites à des conditions trop rigides pour que ceux qui peuvent les éluder veuillent y répondre.

Il changea donc de conversation avec beaucoup d'aisance et de dextérité, et il ne tarda pas à les conduire dans un endroit dont les beautés naturelles excitèrent l'admiration des étrangers qui l'accompagnaient. Un grand ruisseau, sortant du bois, s'avançait vers la mer à grand bruit; et, comme s'il eût dédaigné un cours plus tranquille, qu'il aurait pu obtenir en faisant un léger détour sur la droite, il se précipitait en ligne directe vers le rivage, et, du haut d'un rocher escarpé et aride suspendu sur la mer, jetait son tribut dans les eaux de l'Hellespont avec autant de fracas que si c'eût été celui d'un grand fleuve.

Ce rocher, comme nous l'avons dit, était nu et aride, si ce n'est qu'il était couvert par les eaux écumantes de la cataracte. Mais, des deux côtés, les bords de la mer étaient garnis de platanes, de noyers, de cyprès et d'autres grands arbres particuliers à l'Orient. La chute d'eau, toujours agréable dans les climats chauds, et qu'on y produit souvent à l'aide de l'art, était ici l'ouvrage de la nature. Cet endroit avait été choisi, à peu près comme le temple de la Sybille à Tivoli, pour en faire le séjour d'une déesse à qui les mensonges du polythéisme avaient attribué la souveraineté de tous les alentours. L'édifice était petit et de forme circulaire, comme la plupart des temples de second ordre des divinités champêtres, et il était entouré d'une cour extérieure, fermée par une muraille. Après la chute du paganisme, Agélastès, ou quelque autre philosophe épicurien, en avait probablement fait une agréable habitation d'été. Le bâtiment, d'une construction légère et presque aérienne, se laissait à peine apercevoir sur le penchant du rocher, au milieu des branches et du feuillage; et, à travers les vapeurs qui s'élevaient de la cascade, on ne voyait pas d'abord le chemin qui y conduisait. Un sentier, qu'une végétation forte cachait en grande partie, y montait par une rampe douce, et avait été prolongé par l'architecte au moyen de quelques marches en marbre, qui conduisirent nos voyageurs sur le velours d'une charmante pelouse, en face de la tourelle ou du temple que nous venons de décrire, et dont la partie de derrière dominait la cataracte.

CHAPITRE XII.

> ... Les partis sont enfin en présence.
> Du Grec astucieux la verbeuse éloquence
> Pesant chaque syllabe et comptant chaque mot,
> D'argumens spécieux se compose un argot :
> Le Franc, plus décidé, prend son sabre et sa lance,
> Qui, mis dans un plateau, font pencher la balance.
> *La Palestine.*

A un signal que fit Agélastès, la porte de cette retraite romantique fut ouverte par Diogène, l'esclave noir avec lequel nos lecteurs ont déjà fait connaissance; et le malin vieillard ne manqua pas de remarquer que le comte et son épouse montrèrent quelque surprise en voyant la couleur et les traits de l'Africain, qui était peut-être le premier individu de cette race qu'ils eussent jamais vu de si près. Le philosophe ne laissa pas échapper cette occasion de faire impression sur leur esprit en déployant la supériorité de ses connaissances.

— Cette pauvre créature, dit-il, est de la race de

Cham, qui manqua de respect à Noé son père, et qui pour cette faute fut banni dans les sables d'Afrique et condamné à être père d'une race destinée à servir les descendans de ses frères plus respectueux.

Le comte et la comtesse regardèrent avec étonnement l'être étrange qui était devant leurs yeux, et ne songèrent pas, comme on peut le croire, à révoquer en doute la vérité de ce qu'ils venaient d'entendre, et que leurs préjugés confirmaient d'avance. Au contraire, la haute idée qu'ils avaient conçue de leur hôte s'augmenta encore par l'étendue qu'ils supposèrent à ses connaissances.

— C'est un plaisir pour un homme humain, continua Agélastès, quand, dans la vieillesse ou dans les maladies, il faut qu'il ait recours aux services des autres (ce qui, en toute autre circonstance, est à peine légitime), de choisir ses aides parmi une race d'êtres scieurs de bois et porteurs d'eau, destinés à la servitude dès l'instant de leur naissance, et à qui par conséquent nous ne faisons aucune injustice en les employant comme esclaves, puisque nous remplissons ainsi, jusqu'à un certain point, les intentions du grand Être qui nous a créés tous.

— Cette race, dont le destin est si singulièrement malheureux, est-elle nombreuse? demanda la comtesse. J'avais cru jusqu'ici que les histoires d'hommes noirs n'avaient pas plus de fondement que celles de fées et d'esprits que les ménestrels nous racontent.

— N'en croyez rien, répondit le philosophe; leur race est aussi nombreuse que les sables de la mer; et ils ne sont pas complétement malheureux en s'ac quittant des devoirs que leur destin leur impose. Ceux qui sont abandonnés au vice souffrent, même dans cette vie, le châtiment dû à leurs crimes ; ils deviennent esclaves d'hommes cruels et tyrans, et sont mal nourris, battus et mutilés. Ceux dont le caractère moral est plus louable obtiennent de meilleurs maîtres; qui partagent avec leurs esclaves comme avec leurs enfans, la nourriture, le vêtement et tous les avantages dont ils jouissent. Le ciel accorde à quelques-uns la faveur des rois et des conquérans, et il assigne à un plus petit nombre, mais qu'il favorise spécialement, une place dans les demeures de la philosophie, où, en profitant des lumières que peuvent leur donner leurs maîtres, ils parviennent à entrevoir ce monde, qui est la résidence du vrai bonheur.

— Je crois vous comprendre, reprit la comtesse ; et en ce cas je devrais porter envie à notre ami noir, au lieu de le plaindre, puisque dans la répartition de sa race il lui a été accordé d'avoir son maître actuel, qui lui a sans doute fait acquérir les connaissances désirables dont vous parlez.

— Il apprend du moins ce que je suis en état de lui enseigner, dit Agélastès avec modestie, et, par-dessus tout, à être content de son sort. — Diogène, mon fils, ajouta-t-il en s'adressant à l'esclave, tu vois que j'ai compagnie. Qu'y a-t-il dans le garde-manger du pauvre ermite qu'il puisse offrir à ses honorables hôtes ?

Ils n'étaient encore entrés que dans une première pièce, espèce de vestibule, meublée sans plus de recherche que n'en aurait pu mettre un homme qui aurait voulu ne faire que des frais de goût pour disposer cet ancien édifice à devenir la simple demeure d'un particulier. Les chaises et les sofas étaient couvert de nattes travaillées en Orient, et étaient de la forme la plus simple et la plus primitive. Mais en touchant un ressort, le sage ouvrit les portes d'un appartement intérieur, qui avait de grandes prétentions à la splendeur et à la magnificence.

L'ameublement et les tentures de cet appartement étaient de soie de couleur de paille, produit des métiers de la Perse, et les broderies qui les décoraient produisaient un effet aussi riche que simple. Le plafond était sculpté en arabesques, et aux quatre coins de la chambre étaient des niches où se trouvaient des statues faites dans un temps où l'art de la sculpture était plus florissant qu'à l'époque de notre histoire. Dans l'une, un berger semblait se cacher, comme s'il eût rougi de montrer ses membres à demi couverts, et semblait prêt à faire entendre à la compagnie les sons de la flûte de Pan, qu'il tenait à la main. Trois nymphes, ressemblant aux grâces par les belles proportions de leurs membres et par le peu de vêtemens qu'elles portaient, occupaient les trois autres niches, chacune dans une attitude différente, et elles semblaient n'attendre que les premiers sons de la musique pour s'en élancer et commencer une danse joyeuse. Le sujet était beau, mais un peu frivole pour orner le domicile d'un sage tel qu'Agélastès prétendait l'être.

Il parut sentir que cette réflexion pouvait se présenter à l'esprit de ses hôtes. — Ces statues, dit-il, sculptées dans un temps où l'art des Grecs était au plus haut point de perfection, étaient autrefois considérées comme formant un chœur de nymphes, assemblées pour adorer la déesse de ce lieu, et n'attendant que le signal de la musique pour commencer les cérémonies de son culte. Et, véritablement, les hommes les plus sages peuvent voir avec quelque intérêt comme le génie de ces artistes admirables a presque donné la vie au marbre insensible. Oubliez seulement l'absence du souffle divin, et un païen ignorant pourrait supposer que le miracle de Prométhée est sur le point de se réaliser. — Mais non, ajouta-t-il en levant les yeux vers le ciel ; nous avons appris à distinguer plus sainement ce que l'homme peut faire des productions de la Divinité.

Quelques sujets d'histoire naturelle étaient peints sur les murailles, et le philosophe attira l'attention de ses hôtes sur l'éléphant, animal presque raisonnable, et il leur en cita diverses anecdotes qu'ils écoutèrent avec grande attention.

Des sons de musique, qui semblaient venir du bois, se firent entendre dans le lointain. Ils l'emportaient par intervalles sur le bruit sourd de la cataracte qui tombait précisément sous les fenêtres, et dont la voix rauque remplissait l'appartement.

— Il paraît que les amis que j'attends s'approchent, dit Agélastès, et qu'ils apportent avec eux les moyens d'enchanter un autre sens. Ils ont bien fait ; car la sagesse nous apprend qu'on ne peut mieux honorer la Divinité qu'en jouissant des dons qu'elle nous a faits.

Ces mots attirèrent l'attention des deux Francs, hôtes du philosophe, sur les préparatifs qui avaient été faits dans ce salon décoré avec goût. Ces apprêts étaient ceux d'un festin à la manière des anciens Romains, et des couches, rangées près d'une table déjà servie, annonçaient que les hommes du moins assisteraient au festin dans l'attitude ordinaire de ce peuple, tandis que des siéges, placés entre ces couches, semblaient dire qu'on s'attendait à voir les dames se conformer aux usages grecs, en s'asseyant pour prendre leur repas. Les plats qui figuraient sur la table n'étaient pas nombreux, mais, sous le rapport de la qualité, ils le cédaient à peine aux mets splendides qui avaient autrefois orné le banquet de Trimalcion, ou aux recherches délicates de la cuisine grecque, ou aux ragoûts succulens et épicés des nations orientales, quel que fût celui de ces arts culinaires auquel on pût donner préférence. Ce ne fut pas sans un certain air de vanité qu'Agélastès invita ses hôtes à partager le repas d'un pauvre anachorète.

—Nous nous soucions fort peu de mets délicats, répondit le comte; et la vie que nous menons à présent, comme pélerins, ne nous permet pas d'être fort difficiles à cet égard. La nourriture des simples soldats nous suffit, à la comtesse et à moi; car notre volonté serait d'être à chaque instant prêts à livrer bataille; et moins nous employons de temps pour nous préparer au combat, plus nous en sommes charmés. Cependant, asseyons-nous, Brenhilda, puisque notre bon hôte le veut ainsi, et prenons à la hâte quelques rafraîchissemens, de peur de perdre un temps qui devrait être autrement employé.

—Pardon, dit Agélastès; mais je vous demande d'attendre un instant jusqu'à l'arrivée de mes autres amis. Les sons de leur musique vous apprennent qu'ils ne sont pas bien loin, et je puis vous garantir qu'ils ne retarderont pas long-temps le moment de votre repas.

— Quant à cela, rien ne nous presse, répondit le comte; et puisque c'est un acte de politesse, selon vous, Brenhilda et moi nous pouvons bien aisément différer notre repas; à moins que vous ne nous permettiez, ce qui, je l'avoue, nous serait plus agréable, de prendre sur-le-champ une bouchée de pain et une coupe d'eau, pour qu'ensuite nous fassions place à des hôtes dont le palais est plus délicat et les liaisons avec vous plus intimes.

— A Dieu ne plaise! dit Agélastès. Jamais des hôtes si respectés ne se sont placés sur ces coussins; et je ne me trouverais pas plus honoré, quand même la famille très-sacrée de l'empereur Alexis serait en ce moment à ma porte.

A peine avait-il prononcé ces mots que les sons d'une trompette, dix fois plus bruyans que les accens de musique qu'ils avaient déjà entendus, et dont on sonnait en face du temple, pénétrèrent dans l'intérieur à travers le bruit de la cataracte, comme une lame de damas pénètre à travers une armure, et arrivèrent aux oreilles des auditeurs, comme le tranchant du sabre se fait jour jusqu'à la chair de celui qui porte la cuirasse.

— Vous paraissez surpris ou alarmé, mon père, dit le comte Robert; avez-vous quelque danger à craindre? doutez-vous que nous puissions vous protéger?

— Non, répondit Agélastès, votre présence m'inspirerait de la confiance dans tous les périls. Les sons que vous entendez excitent le respect et non la crainte. Ils annoncent que quelques membres de la famille impériale vont être mes hôtes. Mais ne craignez rien, mes nobles amis : ceux dont le regard est la vie sont prêts à répandre leurs faveurs avec profusion sur des étrangers aussi dignes d'être honorés que ceux qu'ils trouveront ici. Cependant mon front doit toucher le seuil de ma porte pour leur faire l'accueil que je leur dois. A ces mots, il marcha à la hâte vers la porte extérieure du bâtiment.

— Chaque pays a ses usages, dit le comte en suivant son hôte, tandis que Brenhilda s'appuyait sur son bras, et ils sont si différens qu'il n'est pas étonnant que chaque pays trouve étranges les coutumes des autres. Cependant, par déférence pour notre hôte, je baisserai mon cimier de la manière qui semble être exigée.

A ces mots, ils suivirent Agélastès dans l'antichambre, où une nouvelle scène les attendait.

CHAPITRE XIII.

Agélastès arriva à la porte avant le comte de Paris et son épouse. Il eut donc le temps de faire ses prostrations devant un énorme animal, alors inconnu aux contrées de l'Occident, mais que tout le monde connaît aujourd'hui sous le nom d'éléphant. Sur son dos était un pavillon ou palanquin contenant les personnes augustes de l'impératrice Irène et d'Anne Comnène sa fille. Nicéphore Brienne suivait les princesses à la tête d'un détachement de cavalerie légère, dont les brillantes armures auraient plu davantage au croisé, si elles eussent eu moins un air de richesse inutile, et de magnificence efféminée. Les officiers de ce corps suivirent seuls Nicéphore jusqu'à la plate-forme, se prosternèrent tandis que les princesses de la maison impériale descendaient, et ne se relevèrent sous un nuage de panaches flottans et de lances étincelantes que lorsqu'elles furent sur la plate-forme en face du bâtiment. Là, la taille imposante de l'impératrice, quoique déjà d'un certain âge, et les formes gracieuses de la belle historienne se dessinèrent avec avantage. Sur le devant, au-dessus d'une forêt de javelines et de cimiers, paraissait le musicien qui sonnait de la trompette sacrée : il s'était posté sur un rocher au-dessus de l'escalier de pierre, et par quelques sons de son instrument il avertissait les escadrons placés au-dessous d'arrêter leur marche, et de faire attention aux mouvemens de l'impératrice et de l'épouse du césar.

La beauté de la comtesse Brenhilda, et son costume bizarre et à demi masculin, attirèrent l'attention des dames de la famille d'Alexis; mais il s'y trouvait quelque chose de trop extraordinaire pour obtenir leur admiration. Agélastès sentit qu'il fallait qu'il présentât ses hôtes les uns aux autres, s'il voulait que l'harmonie régnât dans cette entrevue.

— Puis-je parler et vivre? dit-il. Les étrangers armés que vous voyez avec moi sont de dignes compagnons de ces myriades de pélerins que le désir de mettre un terme aux souffrances des habitans de la Palestine a amenés de l'extrémité occidentale de l'Europe, pour jouir de la protection d'Alexis Comnène; l'aider, puisqu'il lui plaît d'accepter leur aide, à chasser les païens des limites du Saint-Empire, et occuper en leur place cette contrée, comme vassaux de Sa Majesté impériale.

— Nous sommes charmés, digne Agélastès, dit l'impératrice, que vous ayez des bontés pour ceux qui sont disposés à respecter ainsi l'empereur, et nous sommes assez portées à nous entretenir nous-mêmes avec eux, afin que notre fille, qu'Apollon a douée du rare talent de consigner par écrit ce qu'elle voit, puisse connaître une de ces guerrières de l'Ouest, dont la renommée nous a dit tant de choses, et que nous connaissons si peu.

— Madame, dit le comte, je ne puis que vous exprimer franchement ce que je trouve à redire dans l'explication que ce vieillard vient de vous faire des motifs qui nous ont amenés ici. Il est certain que nous ne sommes pas feudataires d'Alexis, et nous n'avions nulle envie de le devenir quand nous avons fait le vœu qui nous a amenés en Asie. Nous y sommes venus parce que nous avions appris que la Terre-Sainte avait été démembrée de l'empire grec par les païens, les Turcs, les Sarrasins et autres Infidèles, sur lesquels nous avons dessein de la reconquérir. Les chefs les plus sages et les plus prudens parmi nous ont jugé nécessaire de reconnaître l'autorité de l'empereur, parce que le seul moyen de nous acquitter sûrement de notre vœu était de lui prêter le serment d'allégeance, pour éviter toutes querelles entre des états chrétiens. Nous autres, quoique ne dépendant d'aucun monarque sur la terre, nous ne prétendons pas être plus élevés qu'ils ne le sont, et par conséquent nous avons bien voulu consentir à rendre le même hommage.

L'impératrice rougit plusieurs fois d'indignation pendant ce discours, dont bien des passages étaient en opposition directe avec les maximes si fières et si arrogantes de la cour impériale, et dont le ton général tendait à déprécier le pouvoir de l'empereur. Mais Irène avait reçu de son auguste époux l'avertissement secret d'éviter de faire naître ou de saisir des occasions de querelles avec les croisés, qui, quoique prenant l'apparence de sujets, étaient cependant trop pointilleux et trop prompts à s'enflammer pour qu'on pût sans danger entrer avec eux dans des discussions délicates sur des différences d'opinion. Elle se borna donc à faire une révérence gracieuse, comme si elle eût à peine compris ce que le comte de Paris venait d'expliquer avec une si brusque franchise.

En ce moment l'attitude des principaux personnages qui se trouvaient si inopinément rassemblés indiquait qu'il existait parmi eux un désir égal de faire ensemble une plus ample connaissance, quoiqu'ils semblassent hésiter à qui prendrait le premier la parole.

Agélastès, pour commencer par le maître de la maison, s'était à la vérité relevé de terre, mais sans oser redresser la taille, et il restait devant les princesses de la maison impériale, le corps courbé, la tête baissée, et une main placée entre ses yeux et les leurs, comme un homme qui voudrait garantir sa vue des rayons du soleil qu'il aurait en face. Il attendait ainsi en silence les ordres de celles à qui il semblait croire qu'il aurait manqué de respect en leur proposant d'avancer, se bornant à leur témoigner en général que sa maison et ses esclaves étaient à leurs ordres absolus.

De leur côté, la comtesse de Paris et son époux belliqueux étaient les objets de la curiosité particulière de l'impératrice Irène et de sa docte fille Anne Comnène. Ces deux princesses pensèrent qu'elles n'avaient jamais vu deux échantillons plus remarquables de la force et de la beauté humaine; mais, par un instinct fort naturel, elles préférèrent le port mâle du mari aux attraits de la femme, qui, aux yeux de son sexe, avaient quelque chose de trop fier et de trop mâle pour être tout-à-fait agréables.

Le comte et la comtesse avaient aussi leur objet particulier d'attention dans le groupe qui venait d'arriver ; et, pour dire la vérité, cet objet n'était autre que l'animal monstrueux qu'ils voyaient pour la première fois, et qui servait de monture à l'impératrice et à sa fille. La dignité et la magnificence d'Irène, la grâce et la vivacité de la princesse, ne firent aucune impression sur eux, et Brenhilda ne songea qu'à profiter de toutes les occasions pour faire des questions sur l'éléphant, et sur l'usage qu'il faisait de sa trompe, de ses défenses et de ses grandes oreilles.

Une autre personne qui saisit plus à la dérobée l'occasion de regarder Brenhilda avec un degré d'intérêt profond fut le césar Nicéphore. Ce prince avait les yeux fixés sur la comtesse française aussi constamment qu'il le pouvait sans attirer l'attention de son épouse et de sa belle-mère, et sans exciter peut-être leurs soupçons. Il chercha donc à rompre le premier un silence qui commençait à devenir embarrassant. —Il est possible, belle comtesse, dit-il, comme c'est la première fois que vous voyez la reine du monde, que vous n'ayez jamais connu jusqu'ici l'animal singulièrement envieux qu'on appelle éléphant.

—Pardonnez-moi, répondit Brenhilda ; ce savant vieillard m'a montré la représentation de cette étonnante créature, et m'a donné quelques détails à ce sujet.

Tous ceux qui entendirent cette réponse supposèrent que la comtesse décochait un trait de satire contre le philosophe lui-même, à qui l'on avait coutume de donner à la cour le surnom de l'éléphant.

— Personne ne pouvait décrire cet animal avec plus d'exactitude qu'Agélastès, dit la princesse avec un sourire d'intelligence qui se propagea parmi toute sa suite.

— Il sait qu'il est docile, dévoué et fidèle, dit Agélastès d'un ton respectueux.

— Sans doute, bon Agélastès, dit la princesse, et nous ne devons pas critiquer l'animal qui s'agenouille pour nous recevoir sur son dos. — Venez, belle étrangère, et vous aussi, son vaillant époux, ajouta-t-elle en se tournant vers les deux Francs. — Quand vous serez de retour dans votre pays natal, vous pourrez dire que vous avez vu les membres de la famille impériale prendre leur repas, et reconnaître qu'en cela du moins ils sont de la même argile que le reste des mortels, éprouvant leurs plus humbles besoins, et les satisfaisant de la même manière.

— C'est ce que je puis croire fort aisément, dit le comte Robert; mais je serais plus curieux de voir cet animal étrange prendre sa nourriture.

— Vous verrez plus à votre aise l'éléphant se repaître dans sa loge, dit la princesse en jetant un coup d'œil sur Agélastès.

— Madame, dit Brenhilda, je serais fâchée de refuser une invitation faite avec bienveillance; mais, sans que nous nous en soyons aperçus, le soleil est considérablement descendu vers l'occident, et il faut que nous retournions à Constantinople.

— N'ayez aucune crainte, dit la belle historienne:

vous aurez la protection de notre escorte en vous en retournant.

— Crainte ! — escorte ! — protection ! — Ce sont des mots que je ne connais pas, madame. Sachez que mon noble époux, le comte de Paris, est pour moi une escorte suffisante, et que quand même il ne serait pas avec moi, Brenhilda d'Aspramont ne craint rien, et sait se défendre elle-même.

— Ma fille, dit Agélastès, s'il m'est permis de parler, je vous dirai que vous vous méprenez sur les intentions obligeantes de la princesse, qui s'est exprimée comme si elle eût parlé à une dame de son propre pays. Ce qu'elle désire, c'est d'apprendre de vous quelques-unes des coutumes et des manières des Francs, dont vous offrez en votre personne un si beau modèle ; et, en échange de ces informations, l'illustre princesse se ferait un plaisir de vous procurer l'entrée de ces immenses ménageries où les animaux de toutes les parties du monde habité ont été rassemblés par les ordres de notre empereur Alexis, comme pour satisfaire la docte curiosité de ces philosophes à qui toute la création est connue, depuis le daim de si petite taille qu'il est moins grand qu'un rat ordinaire, jusqu'à cet énorme et singulier habitant de l'Afrique qui peut brouter la cime d'arbres s'élevant à quarante pieds, quoique la longueur de ses jambes de derrière ne soit pas de la moitié de cette hauteur.

— Cela suffit, dit la comtesse d'un ton assez animé. Mais Agélastès avait entamé un sujet de discussion qui convenait à ses vues.

— Vous y verrez aussi, continua-t-il, cet énorme lézard qui, quoiqu'il ait la même forme que les reptiles qui habitent les marécages des autres pays, et qui n'ont rien de dangereux, est en Egypte un monstre de trente pieds de longueur, qui est revêtu d'écailles impénétrables, et qui pleure sur sa proie, quand il la tient, dans l'espoir d'en attirer quelque autre en imitant les accens plaintifs de l'humanité.

— N'en dites pas davantage, mon père, s'écria la comtesse. — Robert, nous irons, n'est-ce pas, dans l'endroit où l'on peut voir de telles choses?

— Il s'y trouve aussi, dit Agélastès, qui vit qu'il arriverait à son but en mettant en jeu la curiosité des deux étrangers, cet animal monstrueux que la nature a couvert d'une armure qui le rend invulnérable; qui a sur le nez une corne et quelquefois deux, dont la peau a des replis d'une épaisseur immense, et que nul chevalier n'a jamais pu blesser.

— Nous irons, Robert, n'est-ce pas? répéta la comtesse.

— Oui, répondit le comte, et nous apprendrons à ces Orientaux à juger du sabre d'un chevalier par un seul coup de mon fidèle tranchefer.

— Et qui sait, ajouta Brenhilda, puisque nous sommes dans un pays d'enchantemens, si quelque individu, languissant sous une forme qui n'est pas la sienne, ne verra pas le charme rompu tout à coup par un coup de cette bonne arme?

— N'en dites pas davantage, mon père, s'écria le comte: nous suivrons cette princesse, puisque tel est son titre, quand même toute son escorte voudrait s'opposer à notre passage, au lieu d'être notre garde comme elle nous le promet. Car que tous ceux qui m'entendent apprennent que tel est le caractère des

Francs, que, lorsqu'on leur parle de dangers et de difficultés, on leur inspire autant de désir de prendre la route qui peut en présenter, que d'autres hommes en ont à suivre le chemin qui peut les conduire au plaisir ou à la fortune.

En prononçant ces mots, le comte frappa de la main sur la poignée de son tranchefer, comme pour indiquer la manière dont il saurait, au besoin, se frayer un passage. Le cercle des courtisans tressaillit en entendant le bruit retentissant de l'acier, et en voyant l'air de fierté du belliqueux comte Robert. L'impératrice céda à son alarme, en entrant dans l'appartement intérieur du pavillon.

Par une distinction rarement accordée à quiconque n'était pas allié de très près à la famille impériale, Anne Comnène prit le bras du noble comte. — Je vois, dit-elle, que l'impératrice notre mère a honoré la maison du savant Agélastès, en nous indiquant le chemin pour y entrer. C'est donc à moi à vous montrer le savoir-vivre des Grecs. Et en parlant ainsi, elle le conduisit vers le même appartement.

— Ne craignez rien pour votre femme, ajouta-t-elle en voyant le comte regarder autour de lui : de même que nous, le prince Nicéphore se fait un plaisir de montrer des égards aux étrangers, et il conduira la princesse à table. Ce n'est pas l'usage de la famille impériale de manger avec des étrangers, mais nous remercions le ciel de nous avoir donné cette civilité qui ne croit pas se dégrader en s'écartant des règles ordinaires pour faire honneur à un chevalier dont le mérite est aussi distingué que le vôtre. Je sais que le désir de ma mère sera que vous preniez place à table sans cérémonie; et quoique ce soit une faveur toute particulière, je suis sûre qu'elle obtiendra aussi l'approbation de l'empereur mon père.

— Il en sera ce qu'il vous plaira, madame, dit le comte Robert. Il y a peu d'hommes à qui je céderais ma place à table si je ne les avais pas vus en avant de moi sur le champ de bataille. Mais à une dame, et surtout à une dame si belle, je cède volontiers ma place, et je fléchis le genou devant elle, quand j'ai le honheur de la rencontrer.

La princesse Anne, au lieu d'éprouver quelque embarras en s'acquittant de la fonction extraordinaire, et, comme elle aurait pu le croire, dégradante, d'introduire un chef barbare dans la salle du banquet, se sentit flattée au contraire d'avoir pu faire fléchir un esprit aussi obstiné que le comte Robert; et peut-être même éprouvait-elle un mouvement de vanité satisfaite, en se trouvant momentanément sous sa protection.

L'impératrice Irène était déjà assise au haut bout de la table; elle montra quelque étonnement quand sa fille et son gendre, s'étant placés à sa droite et à sa gauche, invitèrent le comte et la comtesse à prendre place à leur côté, l'un sur une couche, l'autre sur une chaise; mais elle avait reçu de son époux l'ordre le plus strict d'avoir, à tous égards, de la déférence pour les étrangers, et par conséquent elle crut que ce n'était pas le moment d'être très-scrupuleuse sur le cérémonial.

La comtesse s'assit près du césar, comme il l'y avait engagée; et le comte, au lieu de prendre sur une couche la posture qui était ordinaire aux Romains, s'assit aussi, à la manière européenne, près de la princesse.

— Je ne resterai pas étendu, dit-il en riant, à moins qu'un bon horion ne m'y force ; encore faudrait-il que je ne pusse me relever pour le rendre.

On commença alors à s'occuper du repas ; et, pour dire la vérité, il parut faire une partie importante de l'ordre du jour. Les officiers qui étaient venus pour remplir leurs diverses fonctions de sommeliers, échansons, écuyers tranchans et dégustateurs de la famille impériale, remplissaient la salle du banquet, et semblaient disputer d'activité en demandant à Agélastès des épices, des assaisonnemens, des sauces et des vins de toute espèce. On aurait dit que la variété et la multiplicité de leurs demandes avaient pour but de mettre à l'épreuve la patience du philosophe. Mais Agélastès, qui avait prévu la plupart de ces exigences, quelque inusitées qu'elles fussent, y satisfit complétement, ou du moins en très-grande partie, grâce à l'activité de son esclave Diogène, sur lequel en même temps il s'arrangeait de manière à rejeter tout le blâme quand il ne pouvait fournir quelqu'un des objets demandés.

— J'en prends à témoin Homère, dit-il, l'accompli Virgile et l'ingénieux Horace, quelque mesquin que soit ce repas, quelque indigne qu'il soit d'être offert à de pareils hôtes, les instructions par écrit que j'ai données à ce trois fois misérable esclave, contenaient l'ordre de tenir prêts tous les ingrédiens nécessaires pour donner à chaque mets la saveur qu'il doit avoir.

— Charogne de mauvais augure, pourquoi as-tu placé les cornichons si loin de la hure de sanglier ? Pourquoi ces beaux congres ne sont-ils pas entourés d'une quantité suffisante de fenouil? Le divorce que tu as établi entre les écrevisses et le vin de Chio devrait en occasioner un entre ton ame et ton corps, ou tout au moins te faire passer le reste de tes jours dans le pistrinum (1).

Tandis que le philosophe se répandait ainsi en invectives, en imprécations et en menaces contre son esclave, ce que les mœurs du temps ne regardaient pas comme un manque de savoir-vivre, les étrangers pouvaient trouver l'occasion de comparer le petit torrent de son éloquence domestique avec les flots plus nombreux et plus profonds d'adulation dont il inondait ses hôtes. Tout cela se mêlait comme l'huile, le vinaigre et les cornichons dont Diogène préparait une sauce. Ainsi le comte et la comtesse eurent le moyen d'apprécier le bonheur et la félicité réservés à ces esclaves, que le tout-puissant Jupiter, dans la plénitude de sa compassion pour eux, et en récompense de leurs bonnes mœurs, avait destinés à servir un philosophe. Ils prirent leur part du banquet, mais ils eurent fini avec une rapidité qui surprit non-seulement le philosophe, mais ses hôtes de la famille impériale.

Le comte se servit nonchalamment du plat qui se trouvait près de lui, et but une coupe de vin sans s'inquiéter s'il était de l'espèce que les Grecs se faisaient un cas de conscience de boire avec ce mets particulier. Il déclara ensuite qu'il ne prendrait plus rien,

---

(1) Lieu où les esclaves, chez les Romains, étaient occupés à moudre le blé. (*Note du traducteur.*)

et les instances obligeantes de sa voisine Anne Comnène ne purent le déterminer à toucher à aucun des mets qu'elle lui offrait, comme étant rares et délicats. La comtesse mangea encore plus modérément, d'un seul plat, celui qui lui parut apprêté le plus simplement, et qui était devant elle, et prit, dans une coupe de cristal, de l'eau, qu'elle colora de vin, à la prière réitérée du césar. Ils cessèrent alors tous deux de prendre part au festin, et, le dos appuyé sur leur chaise, ils s'occupèrent à regarder les autres convives, qui faisaient libéralement honneur au repas.

Un synode moderne de gourmands aurait à peine égalé la famille impériale de Constantinople, assistant à un banquet philosophique, soit pour les connaissances profondes qu'elle déployait dans la science gastronomique dans toutes ses branches, soit pour le zèle pratique qu'elle mettait à en analyser les résultats. A la vérité, les dames ne mangèrent beaucoup d'aucun mets, mais elles goûtèrent de chacun de ceux qui leur furent offerts, « et leur nom était Légion. » Cependant en assez peu de temps, comme le dit Homère, la rage de la soif et de la faim se trouva apaisée, ou, plus probablement, la princesse Anne se lassa d'attirer si peu l'attention de son voisin, qui, joignant une haute renommée à un extérieur très-prévenant, était un homme par qui très-peu de dames auraient voulu être négligées. Il n'y a, dit notre père Chaucer, aucune nouvelle mode qui ne ressemble à une ancienne; et les efforts que fit Anne Comnène pour entrer en conversation avec le comte franc, pourraient se comparer aux tentatives d'une dame à la mode de nos jours pour entamer un entretien avec le merveilleux assis à son côté, et paraissant plongé dans un accès de distraction.—Nous vous avons fait entendre les sons de la musique, lui dit la princesse, et vous n'avez pas dansé! Nous vous avons chanté le cœur d'*Evoé! Evoé!* et vous ne voulez honorer ni Comus ni Bacchus! Devons-nous vous regarder comme un adorateur des Muses, au culte desquelles, comme à celui de Phébus, nous avons nous-même la prétention d'être dévouée?

— Belle dame, répondit le Franc, ne soyez pas offensée si je vous dis, une fois pour toutes, et en termes très-clairs, que je suis chrétien; que je crache à la figure d'Apollon, de Comus et de Bacchus, et de toutes les autres divinités païennes; et que je les défie.

— Quelle cruelle interprétation de quelques mots inconsidérés! dit la princesse. Je n'ai parlé des dieux de la musique, de la poésie et de l'éloquence, que comme portant des noms honorés par nos divins philosophes, et qui servent encore à distinguer les sciences et les arts auxquels ils présidaient: et le comte y trouve sérieusement une violation du second commandement! Que Notre-Dame nous protége! Il faut que nous prenions garde à nos paroles, puisqu'elles sont interprétées si sévèrement.

Le comte écouta la princesse en souriant. Je n'avais nul dessein de vous offenser, madame, lui dit-il, et je ne voudrais pas donner à vos expressions un sens qui ne serait pas très-louable et très-innocent. Je supposerai donc que votre discours ne contenait rien qu'on puisse critiquer ou blâmer. Vous êtes, à ce que j'ai appris, une de ces personnes qui, comme notre digne hôte, mettent par écrit l'histoire et les faits des temps belliqueux dans lesquels vous vivez, et qui transmettent à la postérité qui nous remplacera la connaissance des exploits qui ont eu lieu de nos jours. Je respecte la tâche à laquelle vous vous êtes consacrée, et je ne sais pas ce qu'une dame pourrait faire de mieux pour mériter la reconnaissance des siècles futurs, à moins que, comme mon épouse Brenhilda, elle n'eût accompli elle-même les hauts faits qu'elle décrivait. — Et, soit dit en passant, Brenhilda regarde en ce moment son voisin de table comme si elle voulait se lever et le quitter. Il lui tarde de se rendre à Constantinople, et, avec votre permission, madame, je ne puis souffrir qu'elle y aille seule.

— C'est ce que vous ne ferez ni l'un ni l'autre, répondit Anne Comnène, puisque nous allons incessamment retourner tous dans la capitale, pour vous faire voir ces merveilles de la nature qui ont été rassemblées en grand nombre par les soins et la munificence de l'empereur notre père. — Si mon époux semble avoir offensé la comtesse, ne croyez pas que ce soit avec intention. Au contraire, mieux vous le connaîtrez, plus vous verrez qu'il est un de ces hommes simples, qui sont si malheureux en voulant s'acquitter des devoirs de la politesse, que ceux à qui ils adressent leurs civilités les reçoivent fréquemment dans un sens tout opposé.

Cependant la comtesse de Paris s'était levée de table, et elle refusa de s'y rasseoir. Agélastès et ses hôtes de la famille impériale se virent donc dans la nécessité ou de permettre aux étrangers de partir, ce qu'ils ne semblaient pas disposés à faire; ou d'employer la force pour les retenir, ce qui n'aurait peut-être été ni agréable ni prudent ; ou enfin d'oublier l'étiquette du rang et de partir avec eux, en ayant soin de sauver leur dignité en prenant l'initiative du départ, quoiqu'il eût lieu par suite de la volonté des étrangers obstinés. Tout fut en mouvement sur-le-champ, et l'on n'entendit plus que tumulte, cris et querelles parmi les soldats et les officiers, qui se trouvèrent forcés d'interrompre leur repas au moins deux heures plus tôt que le plus âgé d'entre eux ne se souvenait de l'avoir jamais fait en pareille occasion. Un nouvel arrangement du cortége impérial sembla aussi se faire d'un consentement mutuel.

Nicéphore Brienne monta sur l'éléphant, et y resta à côté de son auguste belle-mère. Agélastès, sur un palefroi dont l'allure tranquille lui permettait de prolonger à son gré ses harangues philosophiques, marcha à côté de la comtesse Brenhilda, qu'il prit pour le principal sujet de son éloquence. La belle historienne, quoiqu'elle voyageât ordinairement en litière, préféra, en cette occasion, un coursier plein d'ardeur, qui lui permit de marcher du même pas que le comte Robert de Paris, dont elle semblait vouloir frapper, sinon le cœur, du moins l'imagination. La conversation entre l'impératrice et son gendre ne mérite pas un compte détaillé. Ce fut un tissu de critiques sur les manières et la conduite des Francs, et l'expression du désir qu'ils fussent bientôt transportés hors de l'empire grec, et qu'ils n'y revinssent jamais. Tel fut du moins le ton que prit l'impératrice; et le césar ne trouva pas à propos de montrer plus de tolérance pour ces étrangers. De son côté, Agélastès fit un long détour avant arriver au sujet sur lequel il désirait faire tomber la conversation. Il parla de la ménagerie de l'empereur comme d'une superbe collection d'histoire naturelle, et donna des louanges à diverses personnes de la cour, qui avaient entretenu dans Alexis Comnène ce goût sage et philosophique. Mais enfin il abandonna l'éloge de tous les autres pour appuyer sur celui de Nicéphore Brienne, à qui, dit-il, la ménagerie de Constantinople était redevable des principaux trésors qu'elle contenait.

— J'en suis charmée, dit la hautaine comtesse sans baisser la voix et sans affecter aucun changement de manières ; je suis charmée qu'il soit en état de faire quelque chose de mieux que de chuchoter aux oreilles de jeunes femmes étrangères. Croyez-moi : s'il donne tant de licence à sa langue avec les femmes de mon pays que les circonstances peuvent amener ici, il en trouvera quelqu'une qui le jettera dans la cataracte qu'on voit ici près.

Pardon, belle dame, dit Agélastès ; il n'y a pas une femme dont le cœur puisse méditer une action aussi atroce contre un aussi bel homme que le césar Nicéphore Brienne.

— N'y comptez pas trop, mon père, répondit la comtesse offensée ; car, par ma sainte patrone Notre-Dame des Lances Rompues ! si ce n'eût été en considération de ces deux dames, qui ont paru vouloir montrer quelques égards pour mon mari et pour moi, ce Nicéphore aurait été seigneur des Os Rompus, aussi bien qu'aucun César qui ait porté ce titre depuis le grand Jules.

D'après une déclaration si explicite, le philosophe

commença à concevoir quelque crainte personnelle pour lui-même. Il se hâta de détourner la conversation, ce qu'il fit avec beaucoup de dextérité ; et il raconta à l'amazone l'histoire d'Héro et de Léandre, pour lui faire oublier l'affront qu'elle avait reçu.

Pendant ce temps, le comte Robert de Paris était accaparé, s'il est permis de se servir de cette expression, par la belle Anne Comnène. Elle lui parla sur tous les sujets possibles, sans doute plus ou moins bien, mais se croyant fort en état de les discuter tous avec la même habileté. Le bon comte aurait secrètement désiré que sa compagne fût couchée tranquillement à côté de la princesse enchantée de Zulichium. Anne Comnène joua, tant bien que mal, le rôle de panégyriste des Normands, jusqu'à ce que le comte, las de l'entendre caqueter de ce qu'elle connaissait à peine, l'interrompit brusquement :

— Madame, dit-il, quoiqu'on nous appelle quelquefois ainsi, mes soldats et moi, cependant nous ne sommes pas Normands. Les Normands sont venus ici, formant un corps nombreux et séparé de pèlerins, sous les ordres de leur duc Robert, homme plein de valeur, quoique d'un esprit faible, extravagant et inconsidéré. Je n'ai rien à dire contre leur réputation de bravoure. Ils conquirent, du temps de nos pères, un état beaucoup plus considérable que le leur, et qu'on appelle Angleterre. Je vois que vous avez à votre solde quelques naturels de ce pays, sous le nom de Varangiens. Quoique vaincus par les Normands, comme je viens de vous le dire, ils forment cependant une race intrépide, et nous ne regarderions pas comme un déshonneur de combattre dans

6

les mêmes rangs. Quant à nous, nous sommes ces vaillans Francs qui avaient leur demeure sur les rives orientales du Rhin et de la Saale, et qui furent convertis à la foi chrétienne par le célèbre Clovis. Nous sommes assez nombreux et assez braves pour reconquérir la Terre-Sainte, quand même tout le reste de l'Europe resterait neutre dans cette querelle.

Rien peut-être n'est plus mortifiant pour la vanité d'une personne comme la princesse, que d'être convaincue d'une erreur insigne au moment où elle s'applaudit d'être particulièrement bien informée.

— Un misérable esclave, qui, je suppose, ne savait ce qu'il disait, dit Anne Comnène, m'a fait croire que les Varangiens étaient ennemis naturels des Normands. Je le vois marcher en ce moment à côté d'Achillès Tatius, chef de son corps. — Officiers, faites-le venir ici! — Je veux dire cet homme de grande taille qui appuie sa hache sur son épaule.

Hereward, facile à distinguer par la place qu'il occupait à la tête du détachement des gardes, fut averti de se rendre en présence de la princesse. Il lui fit le salut militaire, non sans froncer un peu les sourcils, quand il vit l'air hautain du Français qui était à cheval près d'Anne Comnène.

— Ou je t'ai mal compris, soldat, dit Anne Comnène, ou tu m'as dit, il y a environ un mois, que les Normands et les Francs étaient le même peuple, et également ennemis de la race dont tu sors.

— Les Normands sont nos ennemis, madame, répondit Hereward, et ce sont eux qui nous ont chassés de notre pays natal. Les Francs sont soumis au même seigneur suzerain que les Normands, et par conséquent ils ne peuvent ni aimer les Varangiens ni en être aimés.

— Brave homme, dit le comte, vous faites injure aux Francs, et vous attribuez, quoique assez naturellement, aux Varangiens un degré d'importance qui ne leur appartient pas, quand vous supposez qu'une race qui a cessé, depuis plus d'une génération, d'exister comme nation indépendante, peut être un objet d'intérêt ou de ressentiment pour des hommes comme nous.

— Je connais parfaitement l'orgueil qui vous remplit le cœur, répondit le Varangien, et la préséance que vous vous attribuez sur ceux qui n'ont pas été aussi fortunés que vous dans la guerre. Mais c'est Dieu qui nous abat et qui nous élève, et le monde n'offre pas une perspective qui serait plus agréable aux Varangiens, que de se voir aux prises, cent contre cent, contre les Normands oppresseurs, ou contre leurs modernes compatriotes, les présomptueux Français ; et que Dieu juge quel parti mérite la victoire !

— Vous vous prévalez insolemment du hasard qui vous fournit une occasion imprévue de braver un homme de mon rang.

— Mon chagrin et ma honte sont que cette occasion ne soit pas complète, et que je sois chargé d'une chaîne qui ne me permet pas de vous dire : Tue-moi, ou je te tuerai avant que nous quittions cette place !

— Fou à tête chaude ! quel droit peux-tu avoir à l'honneur de mourir de ma main ? Tu as perdu l'esprit, ou tu t'es gorgé d'ale au point de ne plus savoir à quoi tu penses, ni ce que tu dis.

— Tu mens ! s'écria le Varangien ; quoiqu'un tel reproche soit la plus grande injure pour ta race.

Le Français, avec un mouvement aussi rapide que la pensée, porta la main sur son sabre, mais il l'en retira sur-le-champ, et dit avec un air de dignité : — Tu ne peux m'offenser.

— Mais tu m'as offensé, répliqua l'exilé, et d'une manière que tu ne peux réparer que les armes à la main.

— Où ? — comment ? demanda le comte. Mais il est inutile de te faire des questions auxquelles tu n'es pas en état de répondre raisonnablement.

— Tu as aujourd'hui fait un affront mortel à un grand prince, que ton maître appelle son allié, et qui t'avait reçu avec toutes les marques de l'hospitalité. Tu l'as insulté comme un paysan en insulterait un autre dans une foire ; et tu lui as fait cette honte en présence de ses princes et de ses chefs, et des nobles de toutes les cours de l'Europe.

— Si ton maître a regardé ma conduite comme un affront, c'était à lui d'en montrer son ressentiment.

— Mais les mœurs de son pays ne le lui permettaient pas. D'ailleurs, nous autres fidèles Varangiens, nous nous regardons comme tenus, par notre serment, tant que nous serons au service de l'empereur grec, de défendre son honneur pouce à pouce, comme son territoire pied-à pied. Je te dis donc, sire chevalier, sire comte, ou quel que soit le titre que tu te donnes, qu'il y a une querelle à mort entre toi et la garde impériale varangienne, jusqu'à ce que tu aies loyalement combattu corps à corps un desdits gardes varangiens, quand le devoir et l'occasion le permettront; — et alors, que Dieu montre le bon droit!

Comme cette conversation avait lieu en français, les officiers impériaux, qui étaient à portée de l'entendre, ne la comprirent pas, et la princesse, qui attendait avec quelque surprise la fin de cette conférence, dit enfin au comte avec un ton d'intérêt : — J'espère que vous sentez que la condition de ce pauvre homme le place à une trop grande distance de vous pour que vous l'admettiez à ce qu'on appelle un combat chevaleresque ?

— Sur une telle question, répondit Robert, je n'ai qu'une réponse à faire à toute dame qui ne se couvre pas d'un bouclier comme ma Brenhilda, qui ne porte pas un sabre à son côté, et qui n'a pas dans son sein le cœur d'un chevalier.

— Et en supposant, pour un instant, que j'eusse de tels droits à votre confiance, que me répondriez-vous?

— Je ne puis avoir de grands motifs pour le cacher. Ce Varangien est un homme brave, et ne manque pas de vigueur. Il est contraire à mon vœu de refuser son défi; et je dérogerai peut-être à mon rang en l'acceptant. Mais le monde est grand, et l'on y chercherait en vain un homme qui ait vu Robert de Paris éviter la rencontre d'un antagoniste. Je chercherai quelque brave officier des gardes de l'empereur pour faire savoir à ce pauvre diable, qui nourrit une si étrange ambition, que ses désirs seront satisfaits.

— Et alors?

— Et alors, comme ce brave homme vient de le dire lui-même, que Dieu montre le bon droit !

— Ce qui veut dire que si mon père a un officier de ses gardes assez plein de zèle pour favoriser un dessein si pieux et si raisonnable, il faut que l'empereur perde un allié, en la foi duquel il a toute confiance, ou un brave et fidèle soldat de sa garde du corps, qui s'est distingué personnellement en plusieurs occasions?

— Je suis charmé d'apprendre que cet homme jouit d'une telle réputation. Dans le fait, son ambition devait avoir quelque fondement. Plus j'y réfléchis, plus je pense qu'au lieu de déroger à mon rang, je ferai un acte de générosité en accordant à un pauvre exilé, dont les sentimens sont si élevés et si nobles, tous les priviléges d'un homme de haute naissance, priviléges que certaines gens, nés dans le rang le plus éminent, sont trop lâches pour faire valoir eux-mêmes. Ne craignez pourtant rien, noble princesse; le défi n'est pas encore accepté; et quand il le serait, l'événement est entre les mains de Dieu. Quant à moi, dont le métier est la guerre, l'idée que j'ai une affaire si sérieuse à vider avec cet homme résolu me détournera d'autres querelles moins honorables, dans lesquelles le manque d'occupation pourrait m'entraîner.

La princesse ne fit aucune observation, ayant résolu de faire en particulier des recommandations à Achillès Tatius, pour l'engager à prévenir une rencontre qui pouvait être fatale à l'un ou à l'autre des deux braves champions. L'obscurité couvrait alors la ville devant laquelle ils se trouvaient, mais on la voyait en même temps sortir des ténèbres, grâce aux lumières qui éclairaient les maisons des habitans. La cavalcade y entra par la Porte d'Or, où le digne centurion mit sa garde sous les armes pour la recevoir.

— Il faut maintenant que nous vous quittions, belles dames, dit le comte quand les deux princesses et le césar, ayant mis pied à terre, furent devant la petite porte du palais de Blaquernal, et que nous trouvions, comme nous le pourrons, le logement que nous avons occupé la nuit dernière.

— Avec votre permission, il n'en sera rien, dit l'impératrice; il faut que vous consentiez à prendre votre souper, et le repos dont vous avez besoin, dans un appartement plus digne de votre rang. Et vous aurez même pour quartier-maître un membre de la famille impériale, qui a été votre compagnon de voyage.

Le comte entendit l'invitation de l'impératrice avec un désir prononcé d'accepter l'hospitalité qui lui était si cordialement offerte. Quoiqu'il fût aussi épris que possible des charmes de sa Brenhilda, et que l'idée de lui préférer une autre beauté ne fût même jamais entrée dans sa tête, cependant il s'était naturellement trouvé flatté des attentions d'une femme d'une beauté distinguée et d'un très-haut rang, et les louanges dont la princesse l'avait accablé n'avaient pas été entièrement perdues. Il n'était plus dans la même humeur où le matin l'avait trouvé, disposé à outrager la sensibilité de l'empereur et à insulter à sa dignité. Il s'était laissé gagner par l'adresse insinuante dont Agélastès avait pris des leçons dans les écoles de philosophie, et que la belle princesse devait à la nature. Il accepta donc l'offre de l'impératrice d'autant plus volontiers, que l'obscurité ne lui permit pas de remarquer le nuage de mécontentement qui se manifesta sur le front de Brenhilda. Quelle qu'en fût la cause, elle ne se soucia pas de l'exprimer, et les deux époux étaient à peine entrés dans ce labyrinthe de chambres et de corridors qu'Hereward avait parcouru quelque temps auparavant, quand un chambellan et une dame d'atours richement vêtus s'agenouillèrent devant eux, et les invitèrent à les suivre dans un autre appartement pour mettre ordre à leur toilette avant de paraître devant l'empereur. Brenhilda jeta un coup d'œil sur sa robe et sur ses armes, qui étaient tachées du sang du Scythe insolent; et toute amazone qu'elle était, elle sentit quelque honte d'un costume si négligé et si peu convenable à la circonstance. L'armure du chevalier était également ensanglantée et en désordre.

— Qu'on dise à Agathe, la jeune fille qui me sert d'écuyer, de venir me trouver, dit la comtesse. Elle seule est habituée à m'aider à me désarmer et à m'habiller.

— Que Dieu soit loué! pensa la dame d'atours de la cour grecque; je n'aurai pas à m'occuper d'une toilette pour laquelle les instrumens les plus nécessaires seraient des marteaux et des tenailles de forgeron.

—Qu'on dise à Marcion, mon écuyer, dit le comte, de m'apporter ma cotte de mailles argent et bleu, que j'ai gagnée au comte de Toulouse dans une gageure.

— Ne pourrai-je avoir l'honneur de détacher votre armure? dit un courtisan superbement vêtu qui portait sur lui quelques marques des fonctions qu'il exerçait comme écuyer-armurier; c'est moi qui mets celle de l'empereur lui-même, que son nom soit sacré!

— Et combien de clous as-tu jamais rivés au besoin avec cette main qui semble n'avoir jamais été lavée qu'avec du lait de rose, et avec ce jouet d'enfant? lui demanda le comte en lui saisissant une main, et en lui montrant un marteau à manche d'ivoire et à tête d'argent, passé dans un tablier de peau de chevreuil d'une blancheur éclatante, et qui était le signe officiel de ses fonctions. Le Grec recula avec quelque confusion. Sa main serre comme des tenailles, dit-il à un autre officier du palais.

Pendant que cette petite scène se passait à l'écart, l'impératrice, sa fille et son gendre avaient quitté leurs hôtes, sous prétexte d'aller changer de costume. Un instant après, Agélastès reçut ordre de se rendre en présence de l'empereur; et les deux époux furent conduits dans deux appartemens séparés, mais donnant l'un dans l'autre, somptueusement meublés, et qui étaient destinés à leur usage. Nous les y laisserons quelques instans, prenant, à l'aide de leurs propres domestiques, le costume que leurs idées leur représentaient comme le plus convenable pour une grande occasion; les officiers de la cour grecque s'abstenant avec grand plaisir d'une tâche qu'ils regardaient comme presque aussi formidable que d'assister au coucher d'un tigre royal ou de son épouse.

Agélastès trouva l'empereur arrangeant avec soin

son habit de cour le plus magnifique; car, de même qu'à la cour de Pékin, le changement de costume formait une grande partie du cérémonial observé à celle de Constantinople.

— Tu as parfaitement réussi, sage Agélastès, dit Alexis au philosophe, tandis que celui-ci s'approchait avec force génuflexions et prostrations; parfaitement réussi, dis-je; il ne fallait rien moins que ton esprit et ton adresse pour séparer du reste de leur troupeau ce taureau indompté et cette génisse qui ne connaît pas encore le joug. Si nous obtenons de l'influence sur eux, nous aurons, d'après tout ce qu'on dit, un fort parti en notre faveur parmi ceux qui les regardent comme les plus braves des braves.

— Mon humble intelligence, dit Agélastès, aurait été infiniment au-dessous des moyens d'exécution d'un plan conçu avec tant de prudence et de sagacité s'il ne m'eût été suggéré et tracé par la sagesse de Votre Majesté impériale et très-sacrée.

— Nous savons, reprit Alexis, que nous avons le mérite d'avoir conçu le projet de nous assurer de ces deux individus, soit comme alliés volontaires, soit comme otages détenus de force. Leurs amis, avant de s'apercevoir de leur absence, seront occupés de leur guerre contre les Turcs, et il ne leur sera pas possible, si le diable leur en suggérait l'idée, de prendre les armes contre le Saint-Empire. Ainsi donc, Agélastès, nous aurons obtenu des otages au moins aussi importans et aussi précieux que l'aurait été le comte de Vermandois, si le terrible Godefroy de Bouillon ne m'eût obligé à lui rendre la liberté, en me menaçant d'une guerre soudaine.

— Pardon, dit Agélastès, si j'ajoute une autre raison à celles qui se présentent si heureusement à l'appui de votre auguste résolution. Il est possible qu'en observant les plus grandes précautions et les plus grands égards envers ces étrangers, nous finissions par nous les attacher véritablement.

— Je vous comprends, je vous comprends, dit l'empereur. Ce soir même nous nous montrerons à ces deux étrangers dans notre salle d'audience impériale sous le costume le plus brillant que pourra nous fournir notre garde-robe. Les lions de Salomon rugiront; l'arbre d'or des Comnène déploiera ses merveilles, et les faibles yeux de ces Francs seront éblouis de la splendeur de notre empire. Un tel spectacle ne peut que faire une profonde impression sur leur esprit et les disposer à devenir les alliés et les serviteurs d'une nation bien plus puissante, plus habile et plus riche que la leur. — Tu as quelque chose à dire, Agélastès. Les années et de longues études t'ont donné de la sagesse. Quoique nous ayons énoncé notre opinion, tu peux dire la tienne et vivre.

Trois fois de suite, et à trois reprises différentes, Agélastès avait baissé le front jusqu'aux pans des vêtemens de l'empereur, et il semblait fort embarrassé pour trouver des expressions qui indiquassent une opinion différente de celle de son souverain, sans pourtant avoir l'air de le contredire formellement.

— Les mots sacrés par lesquels Votre Majesté vient d'énoncer son opinion très-juste et très-exacte, ne peuvent être niés ni contredits, si quelqu'un avait assez de vanité pour essayer d'y répondre. Qu'il me soit pourtant permis de lui faire observer qu'on emploie inutilement les plus sages argumens quand on parle à ceux qui sont incapables d'entendre la raison ; comme il serait inutile de montrer à un aveugle un morceau précieux de peinture, ou, comme le dit l'Écriture, de chercher à gagner une truie en lui offrant une pierre précieuse. La faute en pareil cas doit donc être attribuée, non au défaut d'exactitude de votre raisonnement sacré, mais au caractère obtus et pervers des Barbares auxquels il s'adresse.

— Parle plus clairement, dit l'empereur. Combien de fois faudra-t-il te dire que, dans les circonstances où nous avons réellement besoin de conseils, nous savons que nous devons consentir à sacrifier le cérémonial !

— En ce cas, reprit Agélastès, je vous dirai en termes bien clairs que ces Barbares d'Europe ne ressemblent à aucun autre peuple de l'univers, soit relativement aux choses qu'ils regardent d'un œil de convoitise, soit par rapport à celles qui devraient leur causer un salutaire effroi. Les trésors de ce noble empire, en excitant leur cupidité, ne leur inspireraient que le désir de faire la guerre à une nation qui possède tant de richesses, et qui, suivant les calculs de leur amour-propre excessif, a moins de force pour se défendre qu'ils ne s'en croient pour l'attaquer. Tel est, par exemple, Bohémond d'Antioche, et tels sont bien des croisés moins habiles et moins adroits qu'il ne l'est. Car je n'avais pas besoin de dire à votre divinité impériale qu'il regarde son intérêt personnel comme devant être le seul guide de sa conduite dans cette guerre extraordinaire, et par conséquent vous pouvez calculer sa marche avec certitude quand vous savez une fois précisément de quel point de l'horizon part le vent d'égoïsme et de cupidité qui souffle sur lui. Mais il se trouve parmi les Francs des esprits d'une nature bien différente, et sur lesquels il faut faire agir l'influence de motifs d'une toute autre espèce, si l'on veut diriger leurs actions et maîtriser les principes qui les gouvernent. Si cette liberté m'était permise, je prierais Votre Majesté de réfléchir à la manière dont un jongleur de votre cour en impose aux yeux des spectateurs, et cependant déguise avec soin les moyens qu'il emploie pour produire illusion. Ces gens, — je veux dire ceux de ces croisés qui ont l'esprit plus élevé, et qui agissent d'après les principes de la doctrine qu'ils appellent chevalerie; — ces gens-là, dis-je, méprisent la soif de l'or, et regardent ce métal en lui-même comme inutile et méprisable, à moins qu'il ne serve à orner la poignée de leur épée ou à fournir à des dépenses indispensables. Ils dédaignent, raillent et méprisent l'homme qui peut se laisser émouvoir par la cupidité, et ils le comparent, dans la bassesse de ses désirs, au plus vil serf qui ait jamais suivi la charrue ou manié la bêche. En même temps, s'il arrive qu'ils aient véritablement besoin d'or, ils ne font pas beaucoup de cérémonie pour en prendre partout où ils peuvent en trouver. Ainsi, il n'est facile ni de les gagner en leur prodiguant des sommes d'or, ni de les forcer à la complaisance en leur refusant ce que les circonstances peuvent leur rendre nécessaire. Dans le premier cas, ils n'attachent aucun prix au don qui leur est fait d'un vil métal jaune; dans le second, ils sont habitués à prendre ce dont ils ont besoin.

— Un vil métal jaune! répéta Alexis : donnent-ils ce nom injurieux à ce noble métal, également respecté par les Romains et par les Barbares, par le riche et le pauvre, le grand et le petit, le prêtre et le laïque; pour la possession duquel tout le genre humain intrigue, cabale, complote, combat et se damne corps et ame? ils sont fous, Agélastès, complètement fous. Les périls, les dangers, les peines et les châtimens sont les seuls argumens auxquels puissent être accessibles les hommes qui sont au-dessus de l'influence universelle qui domine tous les autres.

— Et ils ne sont pas plus accessibles à la crainte qu'à l'intérêt, ajouta Agélastès. Ils sont, dès l'enfance, habitués à maîtriser ces passions qui ont tant d'influence sur les ames ordinaires : la cupidité qui pousse en avant et la crainte qui retient en arrière. Cela est si vrai que ce qui serait attrayant pour d'autres hommes a besoin, pour les intéresser, d'être relevé par l'assaisonnement d'un extrême danger. Par exemple, j'ai raconté au héros même de notre entretien une légende d'une princesse de Zulichium, endormie par enchantement, belle comme un ange, et attendant le chevalier fortuné qui, en rompant le charme et en l'éveillant, doit devenir maître de sa personne, de son royaume de Zulichium et de ses immenses trésors; et, Votre Majesté impériale voudra-t-elle me croire! je pus à peine lui faire écouter mon histoire, et lui faire prendre quelque intérêt à cette aventure, avant de l'avoir assuré qu'il y aurait à combattre un dragon ailé, en comparaison duquel tous ceux dont il est question dans les romans des Francs ne sont que des mouches.

— Et cette circonstance émut-elle notre héros, demanda l'empereur?

— Elle l'émut tellement, répondit le philosophe, que, si je n'eusse malheureusement, par une description un peu vive, éveillé la jalousie de sa Penthésilée de comtesse, il aurait oublié la croisade et tout ce qui s'ensuit pour aller chercher Zulichium et sa souveraine endormie.

— En ce cas, dit l'empereur, nous avons dans notre empire, — et tu m'en fais comprendre l'avantage! — un nombre immense de conteurs d'histoire qui ne partagent nullement ce noble mépris de l'or, qui est le propre des Francs, mais qui, pour une couple de besans, mentiraient au diable et le battraient par-dessus le marché. Si par ce moyen nous pouvions, comme disent les marins, gagner l'avantage du vent sur les Francs!

— La discrétion est nécessaire au plus haut degré, reprit Agélastès. Mentir tout simplement n'est pas une chose bien difficile, c'est uniquement s'écarter de la vérité, ce qui est à peu près la même chose que de manquer le but en tirant de l'arc quand tout l'horizon, un seul point excepté, est également ouvert à la flèche du tireur. Mais pour faire agir le Franc comme on le désire, il faut connaître parfaitement son caractère et ses dispositions, avoir une grande prudence, beaucoup de présence d'esprit, et la versatilité la plus adroite pour passer d'un sujet à un autre. Si je n'avais été moi-même sur le qui-vive, j'aurais pu payer cher le moindre faux pas fait pour le service de Votre Majesté, et être jeté dans ma cataracte par la virago que j'avais offensée.

— Une vraie Thalestris! dit l'empereur. J'aurai soin de ne pas lui donner de sujet d'offense.

— Si je puis parler et vivre, ajouta le philosophe, le césar Nicéphore Brienne ferait bien de prendre la même précaution.

— Nicéphore, dit l'empereur, doit arranger cette affaire avec notre fille; je lui ai toujours dit qu'elle lui lit un peu trop de cette histoire dont une couple de pages suffiraient pour amuser un moment; mais il faut en convenir, Agélastès, n'entendre que cela tous les jours, c'est de quoi épuiser la patience d'un saint! — Oublie que tu m'as entendu parler ainsi, bon Agélastès; et surtout ne t'en souviens pas en présence de notre épouse et de notre fille.

— Du reste, dit Agélastès, les libertés que se permit le césar n'excédaient pas les bornes d'une galanterie innocente. Mais quant à la comtesse, je dois le dire, c'est une femme dangereuse. Elle a tué aujourd'hui le Scythe Toxartis d'un seul coup sur la tête, et ce coup ne semblait qu'une chiquenaude.

— Ah! s'écria l'empereur, j'ai connu ce Toxartis, et il est assez probable qu'il a mérité son sort, car c'était un maraudeur audacieux et sans scrupule. Cependant garde note de cet événement, de la manière dont il est arrivé, des noms des témoins, etc.; afin que, si cela est nécessaire, nous puissions représenter ce fait à l'assemblée des croisés, comme un acte d'agréssion de la part du comte et de la comtesse de Paris.

— J'espère, dit Agélastès, que Votre Majesté impériale ne renoncera pas aisément à l'occasion d'attirer sous son étendard des personnes d'une si haute renommée dans la chevalerie. Il ne vous en coûterait que bien peu de leur donner quelque île grecque, valant cent fois leur misérable comté de Paris. Et si vous la leur donniez sous la condition d'en chasser les Infidèles ou les rebelles qui peuvent en avoir obtenu la possession temporaire, cette donation ne leur en serait que plus agréable. Je n'ai pas besoin de dire que tout ce que le pauvre Agélastès peut avoir de connaissances, de sagesse et d'expérience, est à la disposition de Votre Majesté impériale.

L'empereur garda le silence un instant, et dit ensuite comme après avoir bien réfléchi :—Digne Agélastès, j'ose me fier à toi dans cette affaire difficile et un peu dangereuse, mais j'exécuterai mon projet de leur faire voir les lions de Salomon et l'arbre d'or de notre maison impériale.

— On ne peut y faire aucune objection. Seulement que Votre Majesté se souvienne de ne leur montrer qu'un petit nombre de gardes, car ces Francs ressemblent à un coursier plein d'ardeur. Quand il est tranquille, on peut le conduire avec un fil de soie, mais une bride d'acier ne pourrait le retenir quand il a pris de l'ombrage, ou conçu des soupçons, ce que les Francs ne manqueraient pas de faire s'ils voyaient autour d'eux beaucoup d'hommes armés.

— Je serai prudent sur ce point, aussi bien que sur d'autres. — Agite la sonnette d'argent, Agélastès, pour avertir les officiers de notre garde-robe.

—Encore un mot pendant que nous sommes seuls. Votre Majesté impériale veut-elle me confier la direction de la ménagerie, ou de la collection d'animaux extraordinaires ?

— Tu me préviens, dit l'empereur en prenant un cachet portant l'empreinte d'un lion, avec la légende : *Vicit leo de tribu Juda.* — Ceci, ajouta-t-il, te donnera le commandement de notre ménagerie. Et maintenant sois une fois sincère avec ton maître ; car tromper est ton élément, même avec moi. — Quel charme emploieras-tu pour subjuguer ces sauvages indomptés ?

— Le pouvoir du mensonge, répondit Agélastès en saluant profondément.

— Je crois que tu es passé maître, dit Alexis. Et lequel de leur faible comptes-tu attaquer ?

— Leur amour pour la renommée, répondit le philosophe en sortant à reculons de l'appartement, à l'instant où les officiers de la garde-robe y entraient pour revêtir Alexis du manteau impérial.

CHAPITRE XIV.

> J'aurai pour auditeur l'enfance irréfléchie,
> Et d'un tas de vieux fous la caboche endurcie :
> Un œil perçant me blesse et me devient suspect. —
> Son ambition rend Buckingham circonspect.
> SHAKSPEARE.

Lorsqu'ils se furent séparés, l'empereur et le philosophe se livrèrent l'un et l'autre à de profondes réflexions occasionées par l'entrevue qu'ils venaient d'avoir ; réflexions qu'ils exprimèrent par des exclamations et quelques phrases entrecoupées. Mais, pour faire mieux comprendre le degré de vénération qu'ils avaient l'un pour l'autre, nous leur donnerons une forme plus régulière et plus intelligible.

— Ainsi donc, dit ou murmura Alexis, mais assez bas pour ne pas être compris par les officiers de la garde-robe qui remplissaient leurs fonctions, ainsi donc ce ver de livre, ce reste de la vieille philosophie païenne, qui croit à peine, Dieu me pardonne, à la vérité du christianisme, a si bien joué son rôle qu'il force son empereur à dissimuler en sa présence! Après avoir commencé par être le bouffon de la cour, il en a pénétré tous les secrets, s'y est rendu maître de toutes les intrigues, a conspiré avec mon gendre contre moi, a débauché mes gardes, et enfin a si bien ourdi son tissu d'impostures, que ma vie n'est en sûreté qu'autant qu'il me croit l'idiot couronné que j'ai affecté d'être, afin de le tromper; trop heureux si je puis ainsi l'empêcher de prévoir prudemment mon déplaisir futur, et de précipiter ses mesures de violence. Mais laissons passer cette tempête soudaine de croisade, et l'ingrat césar, le lâche fanfaron Achillès Tatius, et le serpent Agélastès que j'ai réchauffé dans mon sein, sauront si Alexis Comnène est né pour être leur dupe. A ces mots, il s'abandonna aux soins des officiers de sa garde-robe, qui le couvrirent de tous les ornemens qu'exigeait une grande solennité.

— Je ne me fie pas à lui, se dit Agélastès, car nous nous permettrons également de rendre d'une manière suivie le sens de ses gestes et ses exclamations. Je ne puis ni ne veux me fier à lui; il a un peu outré son rôle. En d'autres occasions, il s'est comporté avec toute l'intelligence de la famille Comnène, et cependant il compte aujourd'hui sur l'effet que ses misérables lions mécaniques produiront sur des gens aussi intelligens que les Francs et les Normands; et il semble s'en rapporter à moi pour juger du caractère de peuples avec lesquels il a eu des relations, soit en paix, soit en guerre, depuis tant d'années. Ce ne peut être que pour gagner ma confiance; car quelques regards détournés, quelques mots entrecoupés semblaient me dire; — Agélastès, l'empereur te connaît et se méfie de toi. Cependant le complot marche bien, et n'est pas découvert, autant que j'en puis juger; et si maintenant je voulais reculer, je serais perdu pour toujours. Encore un peu de temps pour conduire mon intrigue avec ce Franc, et peut-être, à l'aide de ce fier-à-bras, Alexis échangera son trône contre un cloître, ou contre une demeure encore plus étroite. Alors, Agélastès, tu mérites d'être rayé de la liste des philosophes si tu ne peux renverser du trône ce fat débauché, ce césar, et y monter à sa place; autre Marc-Aurèle, dont le gouvernement sage, long-temps inconnu au monde, qui a été gouverné par des tyrans voluptueux, fera bientôt oublier la manière dont tu auras acquis ton pouvoir. A l'ouvrage donc! sois actif et prudent! le moment l'exige, et le prix auquel tu aspires en est digne.

Tandis que ces pensées se succédaient dans son esprit, il mit, à l'aide de Diogène, les vêtemens grossiers, mais propres, sous lesquels il se montrait à la cour; costume qui ne ressemblait guère à celui d'un prétendant à une couronne, et qui faisait contraste avec les ornemens magnifiques dont on couvrait Alexis au même instant.

Dans leurs appartemens séparés, le comte de Paris et son épouse prirent le beau costume qu'ils avaient apporté, en cas qu'il leur arrivât quelque événement semblable pendant leur voyage. Même en France, Robert se montrait rarement avec le bonnet pacifique et le manteau flottant, dont le haut panache et les amples replis étaient le costume des chevaliers en temps de paix; il revêtit une armure complète, mais sa tête n'était couverte que de ses beaux cheveux bouclés. Le reste de son corps était enveloppé d'une cotte de mailles de ce temps, richement incrustée en argent, qui faisait contraste avec l'azur dont l'acier était damasquiné. Il avait des éperons aux talons, son sabre à son côté, et portait suspendu à son cou son bouclier triangulaire sur lequel on avait peint nombre de ces fleurs de lis qui, réduites à trois par la suite, furent la terreur de l'Europe, jusqu'au moment où elles éprouvèrent tant de revers de notre temps.

La grande taille du comte Robert était parfaitement adaptée à un costume qui tendait à faire paraître comme des nains grotesques les hommes de petite stature, quand ils étaient armés de pied en cap. Son visage, dont les traits exprimaient une grande tranquillité et un noble mépris pour tout ce qui aurait pu étonner ou ébranler un esprit ordinaire, formait un excellent chapiteau aux membres vigoureux et parfaitement proportionnés qu'il terminait. La parure de la comtesse avait quelque chose de plus pacifique, mais sa robe était courte comme celle d'une femme qui, d'un moment à l'autre, peut avoir à faire de l'exercice. La partie supérieure de ses vêtemens se composait de plusieurs tuniques qui lui serraient la taille, et dont les pans, descendant de la ceinture aux chevilles, formaient un ajustement qu'une dame aurait pu porter dans un temps plus moderne. Ses cheveux étaient couverts d'un léger casque d'acier, d'où s'échappaient quelques tresses qui ornaient son visage, et faisaient valoir de beaux traits, qui auraient pu avoir quelque chose de trop grave s'ils avaient été entièrement entourés de fer. Sur ses vêtemens de dessous était jeté un riche manteau de velours d'un vert foncé, montant jusqu'au cou, et ayant une sorte de capuchon négligemment ajusté sur le heaume; ce manteau était couvert d'une large broderie sur tous les bords et sur toutes les coutures, et la queue en était si longue qu'elle balayait la terre. Un poignard à riche poignée ornait une ceinture, ouvrage très curieux d'orfévrerie. Malgré sa profession militaire, c'était la seule arme offensive qu'elle portât en cette occasion.

La toilette de la comtesse, comme on le dirait de nos jours, ne fut pas terminée aussi promptement que celle du comte Robert, qui employa son loisir, comme les maris de tous les temps ont coutume de le faire, à de petites plaintes aigre-douces, moitié sérieuses, moitié badines, sur la lenteur des femmes, et sur le temps qu'elles perdent à mettre et à ôter leurs vêtemens. Mais quand Brenhilda sortit, dans l'éclat de toute sa beauté, de la chambre dans laquelle elle s'était habillée, son époux, qui était encore son amant, la serra contre son cœur, et prouva qu'il connaissait ses priviléges, en prenant, comme de droit, un baiser à une créature si charmante. Le grondant de sa folie, presque en lui rendant le baiser qu'elle recevait, Brenhilda commença à demander comment ils trouveraient leur chemin pour se rendre devant l'empereur.

Cette question fut bientôt résolue, car un coup légèrement frappé à la porte annonça l'arrivée d'Agélastès. L'empereur l'avait chargé, comme connaissant les usages des Francs, de lui amener les deux nobles étrangers. Un bruit éloigné, semblable au rugissement d'un lion, ou au retentissement d'un gong (1) de nos temps modernes, annonça le commencement du cérémonial. Les esclaves noirs de garde, comme nous l'avons déjà dit, étaient rangés avec leur costume blanc et or, portant d'une main un sabre nu, et de l'autre une torche allumée pour éclairer le comte et la comtesse dans les corridors qui conduisaient dans l'intérieur du palais, et à la salle d'audience secrète.

La porte de ce *sanctum sanctorum* était plus basse que de coutume; stratagème fort simple inventé par quelque officier du palais pour forcer le Franc altier à baisser le corps en se présentant devant l'empereur. Robert, quand la porte s'ouvrit, et qu'il découvrit dans le fond de la salle l'empereur assis sur un trône au milieu des flots d'une lumière éclatante, mille fois réfléchie par les joyaux dont ses vêtemens étaient couverts, s'arrêta sur-le-champ et demanda pourquoi on le faisait entrer par une porte si basse. Agélastès, pour se débarrasser d'une question à laquelle il n'aurait pu répondre, lui montra l'empereur. Un esclave noir, pour s'excuser de garder le silence, ouvrit la bouche et fit voir qu'il avait perdu la langue.

— Sainte Vierge! s'écria la comtesse, que peuvent avoir fait ces malheureux Africains pour avoir mérité une sentence qui les condamne à un si cruel destin?

— L'heure de la rétribution est peut-être arrivée, dit le comte avec un ton de mécontentement, tandis qu'Agélastès, avec autant de promptitude que le permettait le cérémonial du temps et du lieu, entrait en faisant force génuflexions et prostrations, ne doutant

---

(1) Espèce de grand tambour chinois. (*Note du traducteur.*)

pas que le Franc ne le suivît; et qu'il ne fût obligé pour cela de s'incliner devant l'empereur. Mais le comte, courroucé du tour qu'il vit qu'on avait voulu lui jouer, tourna sur ses talons, et entra dans la salle d'audience le dos tourné à l'empereur. Il ne fit face à Alexis qu'en arrivant au milieu de l'appartement, où il fut rejoint par la comtesse qui avait fait son entrée d'une manière plus convenable. L'empereur, qui s'était préparé à rendre de la manière la plus gracieuse le salut qu'il attendait du comte, se trouva ainsi placé dans une situation encore plus désagréable que lorsque ce Franc audacieux avait usurpé le trône impérial dans le cours de la même journée.

Les officiers et les nobles qui entouraient le trône, quoique formant l'élite de la cour, étaient plus nombreux que de coutume; car il ne s'agissait pas de tenir conseil, mais de déployer une grande pompe. Leur physionomie prit l'air de déplaisir et de confusion qui pouvait le mieux s'accorder avec l'embarras qu'Alexis éprouvait. Le Normand-Italien Bohémond d'Antioche était aussi présent à cette audience, et ses traits astucieux offraient un singulier mélange de plaisir et de dérision. Le malheur du plus faible, ou du moins du plus timide, en pareilles occasions, est d'être obligé de prendre le parti honteux de fermer les yeux, pour avoir l'air de ne pas voir ce dont il ne peut se venger.

Alexis donna le signal pour que le cérémonial de la grande réception commençât sur-le-champ. Aussitôt les lions de Salomon, qui avaient été tout récemment fourbis, levèrent la tête, hérissèrent leur crinière, se battirent les flancs de leur queue, et exaltèrent l'imagination du comte Robert, déjà en feu par suite de la circonstance qui avait précédé son entrée, et il se figura que les rugissemens de ces automates étaient l'annonce d'une attaque immédiate. Les lions qu'il voyait étaient-ils véritablement des rois de la forêt, — des hommes qui avaient subi une métamorphose, — l'ouvrage de quelque jongleur habile ou d'un naturaliste profond? C'était ce que le comte n'aurait pu dire, et ce dont il s'inquiétait fort peu. Tout ce qu'il pensa, ce fut que le danger était digne de son courage, et son cœur n'admit pas un instant d'irrésolution. Il s'avança vers le lion dont il était le plus près, et qui semblait s'élancer, et lui dit d'une voix aussi rauque et aussi formidable que le cri de cet animal : — Comment donc, chien! En même temps, il le frappa de son poing serré, et couvert d'un gantelet d'acier, avec une telle force que le tapis et les degrés conduisant au trône furent couverts de rouages, de ressorts, et d'autres débris du mécanisme qui avaient fourni le moyen de produire une terreur imaginaire.

En découvrant la nature véritable de ce qui avait enflammé son courroux, le comte Robert ne put s'empêcher de se sentir un peu confus d'avoir cédé à son emportement dans un telle occasion. Il le fut encore davantage quand Bohémond, quittant la place qu'il occupait près de l'empereur, s'avança vers lui, et lui dit en français : — En vérité, comte Robert, vous avez fait un brillant exploit en délivrant la cour de Bysance d'un objet qui avait servi long-temps à effrayer des enfans hargneux et des Barbares sauvages.

L'enthousiasme n'a pas de plus grand ennemi que le ridicule. — Et pourquoi donc? dit le comte en rougissant profondément en même temps. — Pourquoi me montrer cet objet de terreur imaginaire? Je ne suis ni un enfant ni un Barbare.

— Adressez-vous donc à l'empereur en homme raisonnable, dit Bohémond. Dites-lui quelques mots en excuse de votre conduite, et prouvez-lui que la bravoure ne vous a pas fait perdre entièrement le sens commun. — Et pendant que j'ai un instant pour vous parler, écoutez-moi bien. — Ayez bien soin, vous et votre femme, d'imiter mon exemple pendant le souper. Ces mots furent prononcés d'un ton expressif, et accompagnés d'un coup d'œil qui ne l'était pas moins.

L'opinion de Bohémond, d'après les longues relations qu'il avait eues avec l'empereur grec, tant en paix qu'en guerre, avait beaucoup d'influence sur les autres croisés, et le comte Robert céda à son avis. Il se tourna vers l'empereur, et lui fit une sorte de salut avec plus de déférence qu'il n'en avait encore montré. — Je vous demande pardon, dit-il, d'avoir brisé cet ouvrage doré de mécanique; mais, sur ma foi, les merveilles de la sorcellerie, et les œuvres étonnantes des jongleurs habiles et adroits, sont si nombreuses en ce pays, qu'il n'est pas facile de distinguer ce qui est vrai ou faux, réel ou illusoire.

L'empereur, quoique doué d'une présence d'esprit remarquable, et malgré le courage dont ses concitoyens ne le croyaient pas dépourvu, accueillit cette explication assez gauchement. Peut-être l'air forcé de complaisance avec lequel il reçut les excuses du comte pourrait-il se comparer à celui d'une dame de nos jours, quand un convive maladroit a cassé une pièce d'un beau service de porcelaine. Il murmura quelques mots sur ce que ces ouvrages de mécanique avaient été long-temps conservés dans la famille impériale, comme étant exécutés sur le modèle des lions qui gardaient le trône du roi d'Israël. Le comte répondit, avec une brusque franchise, qu'il doutait que le plus sage des monarques du monde eût jamais daigné songer à effrayer ses sujets ou ses hôtes, par les rugissemens contrefaits d'un lion de bois. — Si je me suis trop hâté, ajouta-t-il, de croire que c'était une créature vivante, j'en ai été bien puni, puisque j'ai gâté un excellent gantelet, en brisant cette tête de bois.

L'empereur, après qu'on eut dit encore quelques mots, principalement sur le même sujet, proposa de passer dans la salle du banquet. Conduits par le grand écuyer tranchant de la table, et suivis par tous les Grecs qui étaient présens, à l'exception de l'empereur et des membres de la famille, les deux Francs traversèrent un labyrinthe d'appartemens, dont chacun était rempli de merveilles de la nature et de l'art, faites pour ajouter à l'opinion qu'ils pouvaient avoir déjà de la richesse et de la grandeur de ceux qui avaient rassemblé tant de choses surprenantes. Leur marche, étant nécessairement lente et interrompue, donna à l'empereur le temps de changer de costume, suivant l'étiquette de la cour, qui ne permettait pas qu'il se montrât deux fois aux mêmes spectacles sous les mêmes vêtemens. Il prit cette occasion pour appeler auprès de lui Agélastès; et, pour que leur conférence fût secrète, il employa, pour faire sa toilette, le ministère de quelques-uns des muets destinés au service de l'intérieur du palais.

Alexis Comnène était alors agité par une forte émotion, quoiqu'une des particularités de sa situation fût d'être toujours dans la nécessité de déguiser ses sentimens, et d'affecter, en présence de ses sujets, d'être au-dessus de toutes les passions humaines; ce qui était bien loin d'être la vérité. Ce fut donc avec un ton de gravité, et même de réprimande, qu'il demanda : — Comment se fait-il que cet astucieux Bohémond, à demi Italien, à demi Asiatique, ait été présent à cette entrevue? Qui a commis cette erreur? Sûrement, si dans toute l'armée des croisés il se trouve un individu qu'on pût soupçonner de vouloir apprendre à ce jeune fou et à sa femme le mystère du spectacle par lequel nous espérions leur en imposer, le prince d'Antioche est cet homme.

— Si je puis parler et vivre, répondit Agélastès, c'est ce vieillard, Michel Cantacuzène, qui a pensé que la présence de Bohémond était particulièrement désirée. Mais il retourne au camp cette nuit même.

— Oui, dit Alexis, pour informer Godefroy et le reste des croisés qu'un des plus estimés de leurs compagnons est resté en ôtage avec sa femme dans notre cité impériale; et pour nous rapporter l'alternative d'une guerre soudaine ou de leur délivrance!

— Si la volonté de Votre Majesté impériale est de penser ainsi, vous pouvez permettre au comte Robert et à sa femme de retourner au camp avec l'Italien-Normand.

— Quoi! s'écria l'empereur, et perdre ainsi tous les fruits d'une entreprise dont les préparatifs nous ont déjà coûté tant d'argent, et qui nous aurait causé encore bien plus d'inquiétude et de vexation, si notre cœur était fait du même métal que celui des mortels ordinaires? Non, non! Qu'on fasse savoir aux croisés qui sont encore sur cette rive qu'ils sont dispensés de toute prestation d'hommage, et qu'ils aient à se rendre sur les bords du Bosphore, demain matin au point du jour. Que notre amiral, s'il attache quelque prix à sa tête, les transporte sur l'autre rive, tous jusqu'au dernier, avant midi. Qu'on leur y distribue des largesses, et qu'on leur y serve un banquet splendide. Tout cela pourra augmenter leur empressement pour faire cette traversée. Alors, Agélastès, nous compterons sur nous-mêmes pour combattre ce nouveau danger, soit en gagnant l'esprit vénal de Bohémond, soit en bravant les croisés. Leurs forces sont éparses; celui qui est à leur tête et leurs principaux chefs sont maintenant tous, ou du moins le plus grand nombre, sur la rive orientale du Bosphore. — Mais à présent, songeons au banquet; car nous avons suffisamment changé de costume pour satisfaire aux statuts de notre maison, puisqu'il a plu à nos ancêtres de faire des réglemens sur la manière dont nous devons nous montrer à nos sujets, comme les prêtres montrent les images des saints dans leurs églises.

—S'il m'est permis de parler et de vivre, dit Agélastès, ils n'ont pas agi inconsidérément. Ils ont voulu que l'empereur, étant toujours soumis aux mêmes lois, de père en fils, fût toujours regardé comme un être élevé au-dessus des lois communes de l'humanité, comme l'image divine d'un saint, plutôt que comme un simple mortel.

—Nous savons cela, bon Agélastès, dit l'empereur en souriant; et nous savons aussi que plusieurs de nos sujets, comme les adorateurs de Bel dans l'Écriture-Sainte, nous traitent comme une image, en ce qu'ils nous aident à dévorer les revenus qui sont levés pour nous et en notre nom dans nos provinces. Mais nous ne faisons allusion à ce sujet qu'en passant; ce n'est pas le moment d'en parler.

Alexis mis fin au conseil secret, après que l'ordre pour l'embarquement des croisés eut été écrit et signé en due forme avec l'encre sacrée de la chancellerie impériale.

Pendant ce temps, le reste de la compagnie était arrivé dans une salle qui, comme tous les autres appartemens du palais, était meublée avec autant de richesse que de goût. Si quelque chose pouvait prêter à la critique sous ce dernier rapport, c'étaient les plats qui, remarquables du reste par l'éclat du métal qui les composait et par la recherche des mets qu'ils contenaient, étaient soutenus par des pieds, de manière à se trouver au niveau des femmes qui étaient assises devant la table, et des hommes qui étaient étendus sur des couches.

Tout autour étaient des esclaves noirs richement costumés. Le grand-écuyer tranchant, Michel Cantacuzène, indiqua avec sa verge d'or à chacun des convives la place qu'il devait occuper, et leur fit entendre par signes qu'ils devaient tous rester debout près de la table, jusqu'à ce qu'il leur donnât le signal de s'y placer.

Le haut bout de la table était caché par un rideau de mousseline et de soie qui tombait du haut d'un cintre sous lequel cette partie de la table semblait passer. L'écuyer tranchant avait toujours les yeux fixés avec attention sur ce rideau ; et quand il le vit remuer, il agita sa baguette, et chacun attendit en silence ce qui allait se passer.

Le rideau mystérieux se leva comme de lui-même, et l'on vit par-derrière un trône élevé de huit marches au-dessus du niveau du bout de la table, décoré avec la plus grande magnificence, et devant lequel était une petite table d'ivoire, incrustée en argent, près de laquelle était assis Alexis Comnène. Ce prince avait un costume entièrement différent de ceux qu'il avait portés dans le cours de la journée, encore plus riche que tous les autres, et si brillant qu'il semblait assez naturel que ses sujets se prosternassent devant un être si éblouissant. Son épouse, sa fille et son gendre césar étaient debout derrière lui, la tête penchée vers la terre; et ce fut avec un air d'humilité profonde que, descendant, sur l'ordre de l'empereur, de la plate-forme sur laquelle était le trône, ils allèrent se mêler aux hôtes réunis autour de la table inférieure, et s'y placèrent, malgré leur rang élevé, au signal que donna le grand-écuyer tranchant. On ne pouvait donc dire que les convives partageassent le repas de l'empereur, ni qu'ils fussent placés à la même table; cependant ils soupaient en sa présence, et il leur adressait fréquemment la parole pour les engager à faire honneur au festin. Nul plat servi sur la table inférieure ne fut présenté sur celle de l'empereur; mais les vins et les mets plus délicats qui s'élevaient devant lui comme par magie étaient souvent envoyés par son ordre spécial à ceux des convives qu'Alexis voulait honorer, et les Francs reçurent particulièrement cette marque de distinction.

La conduite de Bohémond en cette occasion fut singulièrement remarquable.

Le comte Robert, qui avait les yeux fixés sur lui, tant à cause de l'avis qu'il en avait reçu, que parce qu'il l'avait vu lui lancer une ou deux fois un regard expressif, remarqua que ce prince circonspect ne toucha ni aux mets ni aux vins qui étaient sur la table, ni même à rien de ce qui lui fut envoyé de celle de l'empereur. Un morceau de pain qu'il prit au hasard dans la corbeille, et une coupe d'eau pure, furent les seuls rafraîchissemens qu'il se permit. L'excuse qu'il allégua fut le respect qui était dû à la fête de l'Avent, qui arrivait précisément cette nuit, et qui était regardée comme également sacrée par les grecs et par les latins.

— Je ne m'attendais pas, sire Bohémond, dit l'empereur, à vous voir refuser à ma propre table l'hospitalité, le jour même où vous m'avez fait honneur en entrant à mon service comme mon vassal pour la principauté d'Antioche.

— Antioche n'est pas encore conquise, sire, dit Bohémond; et la conscience, cette souveraine fière et jalouse, doit toujours avoir ses exceptions, quelques obligations temporelles que nous puissions contracter.

— Allons, comte! reprit l'empereur, qui regardait évidemment l'abstinence de Bohémond comme produite par la méfiance plutôt que par la dévotion, quoique ce ne soit pas notre usage, nous invitons nos enfans, nos nobles hôtes, et nos officiers ici présens, à boire tous à la ronde. Qu'on emplisse les coupes appelées les Neuf Muses, et qu'on y verse le vin qu'on dit consacré aux lèvres impériales.

D'après l'ordre de l'empereur, les coupes furent remplies. Elles étaient d'or pur, et sur chacune d'elles était ciselée l'image de la Muse à laquelle elle était dédiée.

— Vous, du moins, bon comte Robert, dit l'empereur, vous et votre aimable épouse, vous ne vous ferez pas scrupule de faire raison, la coupe en main, à l'empereur votre hôte?

— Si ce scrupule part d'un sentiment de méfiance de ce qu'on nous sert ici, répondit le comte de Paris, je ne descends pas à de tels soupçons. Si c'est un péché que je commets en prenant du vin ce soir, c'en est un véniel, et mon fardeau n'en sera guère plus lourd quand je le porterai au confessionnal avec mes autres fautes.

— Eh bien! prince Bohémond, dit Alexis, ne vous laisserez-vous pas persuader par l'exemple de votre ami?

— Il me semble, répondit le Normand-Italien, que mon ami aurait mieux fait de se laisser persuader par le mien. Au surplus, qu'il fasse ce que sa sagesse lui inspirera; pour moi, l'odorat me suffit pour juger d'un vin si exquis.

A ces mots, il vida la coupe dans une autre, et sembla admirer alternativement la ciselure de la coupe et le bouquet du vin qu'elle avait contenu.

— Vous avez raison, sire Bohémond, dit l'empereur; le travail de cette coupe est parfait, et elle est sortie des mains d'un des anciens ciseleurs de la Grèce. La fameuse coupe de Nestor, dont Homère nous a laissé la description, était peut-être beaucoup plus grande, mais elle n'égalait celle-ci ni par le prix de la matière, ni par l'exquise beauté du travail. Que les nobles étrangers qui sont ici acceptent donc la coupe dans laquelle ils ont bu ou auraient pu boire, et qu'ils la gardent en souvenir de notre personne; et puisse leur expédition contre les Infidèles être aussi heureuse que le méritent leur confiance et leur courage!

— Si j'accepte ce présent, puissant empereur, dit Bohémond, c'est uniquement en réparation de ce qui a pu paraître un manque de courtoisie, quand ma dévotion m'a forcé à refuser l'invitation de Votre Majesté, et pour vous prouver que nous nous séparons avec les sentimens de l'amitié la plus intime.

A ces mots, il salua profondément l'empereur, qui lui répondit par un sourire, dans lequel il entrait une assez forte nuance de sarcasme.

— Quant à moi, dit le comte de Paris, ayant pris sur ma conscience d'accepter l'invitation de Votre Majesté, je puis être dispensé d'encourir le blâme d'aider à dégarnir votre table d'une de ces belles coupes. Je l'ai vidée à votre santé, mais je ne puis en profiter sous aucun autre rapport.

— Mais le prince Bohémond le peut, dit l'empereur, et elle sera portée sous sa tente, ennoblie par l'usage que vous en avez fait. Nous en avons pour vous et pour votre aimable épouse un autre assortiment égal en nombre aux Grâces, quoiqu'il ne le soit plus aux nymphes du Parnasse. La cloche du soir sonne, et nous avertit de nous rappeler l'heure du repos, afin que nous soyons en état de soutenir les travaux du lendemain.

La compagnie se sépara; Bohémond quitta le palais, sans oublier les Muses, quoiqu'il n'en fût pas, en général, un adorateur bien fervent. Il en résulta, comme c'était le dessein du rusé monarque grec, qu'il avait fait naître entre Bohémond et le comte de Paris, non pas à la vérité une querelle, mais une sorte de différence d'opinion; Bohémond sentant que le comte de Paris devait regarder sa conduite comme basse et intéressée, et le comte Robert étant moins porté que jamais à le prendre pour conseiller.

CHAPITRE XV.

Le comte de Paris et son épouse passèrent la nuit dans le palais impérial de Blaquernal. Leurs appartemens étaient contigus, mais la porte de communication en était fermée et barricadée. Ils furent surpris de cette précaution. On fit de l'observation de la fête de l'Avent une excuse admissible et assez naturelle de cette circonstance. Inaccessibles à la crainte, le comte ni la comtesse, comme on peut bien le croire, n'en conçurent aucune alarme. Marcion et Agathe, après avoir rempli leurs fonctions ordinaires, les quittèrent pour aller chercher le lieu de repos qui leur avait été assigné dans le quartier occupé par les officiers inférieurs du palais.

Le jour précédent avait été un jour d'agitation, de tumulte et d'intérêt. Peut-être aussi le vin consacré aux lèvres impériales, dont à la vérité le comte Robert n'avait bu qu'une seule coupe, mais remplie bord à bord, était plus capiteux que le jus délicat et savoureux des raisins de Gascogne, auquel il était accoutumé : dans tous les cas, il lui sembla, en s'éveillant, qu'il avait dormi assez long-temps pour qu'il dût faire grand jour dans sa chambre, et cependant il y régnait encore une obscurité presque palpable. Il regarda autour de lui avec quelque surprise, mais il ne put rien distinguer que deux points ronds de lumière rougeâtre, brillant au milieu des ténèbres avec un éclat semblable à celui des yeux d'un animal sauvage qui les fixe sur sa proie. Le comte se mit sur son séant pour se lever et endosser son armure, précaution nécessaire, si ce qu'il voyait était réellement une bête féroce, et qu'elle fût en liberté. Mais à l'instant où il fit ce mouvement, ses oreilles furent frappées d'un rugissement profond, tel qu'il n'en avait jamais entendu, et comme si un millier de monstres l'eussent poussé en même temps. Ce bruit effrayant fut accompagné d'un retentissement de chaînes de fer, et d'un bond que fit l'animal en s'élançant vers le lit. Il parut cependant qu'il était attaché de manière à ne pouvoir y atteindre. Ses rugissemens continuèrent sans interruption. Ils étaient effrayans, et devaient se faire entendre dans tout le palais. A en juger par ses yeux étincelans, le monstre semblait s'être accroupi à quelques pas plus près du lit que dans sa première position, et le comte ne pouvait savoir quel mouvement il pouvait faire sans se placer à sa portée. Il entendait le bruit de sa respiration, et il lui semblait même en sentir la chaleur, tandis que ses membres sans défense n'étaient peut-être pas à six pieds des dents qu'il entendait grincer, et des griffes qui arrachaient des fragmens du plancher de chêne. Le comte de Paris était un des hommes les plus braves qui vivaient dans un temps où la bravoure était l'apanage universel de quiconque avait une goutte de sang noble, et le comte descendait de Charlemagne. Cependant il était homme, et par conséquent il ne pouvait envisager sans un certain effroi un danger si imprévu et si extraordinaire. Mais ce n'était ni une alarme soudaine, ni une frayeur panique; c'était le calcul, fait avec calme, d'un péril extrême, joint à la résolution de faire les derniers efforts pour sauver sa vie, s'il était possible. Il se recula dans son lit, qui n'était plus pour lui un lieu de repos, et s'éloigna ainsi de quelques pieds des deux yeux étincelans fixés sur lui si constamment que, en dépit de son courage, la nature peignit à son imagination ses membres déchirés, palpitans et ensanglantés dans la gueule de quelque animal féroce et monstrueux. Une seule pensée rassurante se présenta à son esprit : c'était peut-être une épreuve faite par le philosophe Agélastès ou par l'empereur son maître, pour juger de ce courage que les chrétiens affichaient, et pour punir l'insulte que le comte avait été assez inconsidéré pour faire la veille à ce prince.

—On a raison de dire, réfléchit-il dans son agonie, qu'il ne faut pas braver le lion dans son antre. Peut-être en ce moment quelque vil esclave calcule-t-il si j'ai assez souffert les tortures préliminaires de la mort, et s'il lâchera la chaîne qui empêche cette bête sauvage d'achever son œuvre sanglante. Mais que la mort vienne quand elle voudra, il ne sera jamais dit qu'on aura entendu le comte Robert faire une demande de merci, ou pousser un cri de douleur ou de crainte. Il tourna la tête du côté de la muraille, et faisant un violent effort sur lui-même, il attendit une mort qu'il croyait très-prochaine.

Ses premières idées s'étaient naturellement portées sur lui-même. Le danger était trop urgent et d'une nature trop horrible pour qu'il pût envisager cette calamité sous un point de vue plus étendu. Toutes réflexions d'un genre plus éloigné disparurent donc devant la pensée d'une mort immédiate qui l'occupait exclusivement. Mais aussitôt que ses idées devinrent plus claires, la sûreté de la comtesse fut l'objet qui frappa tout à coup son imagination. — Que ne pouvait-elle pas souffrir aussi en ce moment? Tandis qu'il était soumis à une épreuve si extraordinaire, à quoi réservait-on le courage moins mâle et les membres plus faibles d'une femme? Était-elle encore à quelques pas de lui, comme lorsqu'ils s'étaient couchés la nuit précédente? Ou les barbares qui avaient inventé pour lui une scène si cruelle avaient-ils profité de sa confiance imprudente pour exercer contre elle quelque atrocité semblable, ou même encore plus perfide? Dormait-elle, ou était-elle éveillée? Était-il possible qu'elle dormît, à portée d'entendre ces rugissemens affreux qui devaient percer toutes les murailles? Il résolut de l'appeler, de l'avertir, s'il était possible, de se mettre sur ses gardes, et de lui dire de lui répondre, sans se hasarder à entrer témérairement dans une chambre où se trouvait un hôte si horriblement dangereux.

Il prononça donc le nom de sa femme, mais d'une voix tremblante, comme s'il eût craint que l'animal féroce ne l'entendît.

— Brenhilda! Brenhilda! — Il y a du danger. —

Éveillez-vous, parlez-moi, mais ne vous levez pas ! — Point de réponse. — Que suis-je donc devenu ? se demanda-t-il à lui-même ; j'appelle Brenhilda d'Aspramont du même ton qu'un enfant appellerait sa nourrice, et tout cela parce qu'il y a un chat sauvage dans ma chambre ! Fi ! comte de Paris, fi ! Il faut qu'on déchire tes armoiries, et qu'on brise tes étriers sur tes talons ! — Holà ! ho ! s'écria-t-il d'une voix plus haute, mais encore tremblante ; Brenhilda ! nous sommes entourés de dangers ! L'ennemi nous menace ! — Répondez-moi, mais ne bougez pas !

Il n'obtint d'autre réponse qu'un nouveau rugissement du monstre qui était en garnison dans sa chambre. Ce rugissement semblait dire : — Tu n'as plus d'espoir ! Et ces mots pénétrèrent dans le cœur du chevalier comme lui annonçant véritablement la perte de toute espérance.

— Peut-être pourtant parlé-je encore trop bas pour lui faire connaître mon danger. — Ohé ! ohé ! — Mon amour ! — Brenhilda !

Une voix creuse et lamentable, comme aurait pu l'être celle d'un habitant du tombeau, lui répondit à une certaine distance : — Quel est le malheureux qui croit que les vivans peuvent lui répondre dans les habitations des morts ?

— Je suis un chrétien, un homme libre, un noble du royaume de France, répondit le comte. Hier j'étais à la tête de cinq cents hommes, les plus braves de toute la France, — c'est-à-dire du monde entier.

— Et maintenant je suis ici sans le moindre rayon de 'ère pour m'apprendre comment je puis éviter le coin où se trouve un chat-tigre sauvage, prêt à s'élancer sur moi et à me dévorer.

— Tu es un exemple des vicissitudes de la fortune, et cet exemple ne sera pas long-temps le dernier, répondit la même voix. Moi, qui suis dans ma troisième année de souffrance, j'étais ce puissant Ursel qui disputa à Alexis Comnène la couronne impériale. Je fus trahi par mes confédérés, et ayant été privé de la vue, le plus grand des bienfaits de la nature, j'habite sous ces voûtes, assez proche voisin des animaux sauvages qui les occupent quelquefois, et dont j'entends les cris de joie quand des victimes infortunées comme toi sont livrées à leur fureur.

— En ce cas n'as-tu pas entendu hier soir conduire ici un guerrier et son épouse, aux sons d'une musique semblable à celle d'un jour de noces ? — O Brenhilda ! — si jeune, — si belle, — la trahison t'a-t-elle mise à mort par des moyens dont l'horreur ne peut s'exprimer ! -

— Ne crois pas, dit Ursel, comme s'était nommé ce nouvel interlocuteur, que les Grecs accordent à leurs bêtes sauvages des mets si délicats. Pour leurs ennemis, — terme qui comprend non-seulement tous ceux qui le sont véritablement, mais quiconque est l'objet de leur crainte ou de leur haine, — ils ont des cachots dont les portes une fois fermées ne s'ouvrent plus, des instrumens de fer rouge pour détruire les organes de la vue, des lions et des tigres quand il leur plaît de se débarrasser promptement de leurs prisonniers : mais ce sont les hommes qu'ils leur réservent. Quant aux femmes, — si elles sont jeunes et belles, — ils ont des places pour elles dans leurs palais et dans leur couche; — et au lieu d'être employées, comme les captives de l'armée d'Agamemnon, à puiser de l'eau dans une fontaine d'Argos, elles sont admirées et adorées par ceux que le sort a rendus maîtres de leur destinée.

— Tel ne sera jamais le destin de Brenhilda! s'écria le comte Robert : son mari vit encore pour la secourir; et s'il périt, elle saura le suivre sans laisser une tache sur l'épitaphe de l'un ni de l'autre.

Ursel ne répondit rien. Un court intervalle de silence suivit, et ce fut lui qui le rompit en s'écriant :
— Étranger! quel bruit viens-je d'entendre?

— Je n'entends rien.

— Mais moi, j'entends. La cruelle privation d'un sens donne plus d'activité aux autres.

— Ne t'en mets pas en peine, mon compagnon de prison, et attends l'événement en silence.

Tout à coup une lumière sombre et rougeâtre accompagnée de fumée s'éleva dans l'appartement. Le comte avait songé à un briquet qu'il portait ordinairement sur lui, et, avec aussi peu de bruit qu'il était possible, il alluma la torche qui était près de son lit, et l'ayant approchée des rideaux, qui étaient de mousseline claire, ils furent en flamme en un instant. Il sauta en même temps à bas de son lit. Le tigre, — car c'en était un, — épouvanté par la flamme, fit un bond en arrière, et s'éloigna autant que sa chaîne le lui permit. Le comte Robert saisit alors une massive escabelle de bois, seule arme offensive sur laquelle il pût mettre la main, et prenant pour but ces yeux qui réfléchissaient alors l'éclat du feu, et qui quelques instants auparavant avaient paru si menaçans, il lança vers ce point ce fragment pesant de chêne avec une force qui semblait moins partir d'un bras humain que d'une baliste qui décharge une pierre. Il avait si bien choisi son moment et si bien pris son point de mire, que ce trait d'un nouveau genre alla droit au but, et avec une force incroyable. Le tigre, que nous pourrions, sans exagération, décrire comme étant de la plus grande taille, eut le crâne brisé du coup; et, à l'aide de son poignard, qui lui avait été heureusement laissé, le comte français acheva le monstre, et eut la satisfaction de le voir grincer des dents pour la dernière fois, et rouler, dans l'agonie de la mort, ces yeux qui naguère avaient paru si formidables.

Regardant autour de lui, il reconnut, à l'aide du feu qu'il avait allumé, que la pièce où il se trouvait n'était pas l'appartement dans lequel il s'était couché la nuit précédente. L'ameublement des deux chambres offrait un contraste frappant, car il ne se trouvait, dans l'espèce de cachot qu'il occupait alors, que les restes, brûlant encore, des rideaux de mousseline, des murailles nues, et la très-utile escabelle dont il avait fait si bon usage.

Le chevalier n'eut pas le loisir de tirer des conclusions de ce qui venait de se passer. Il éteignit à la hâte le feu, qui, dans le fait, ne pouvait trouver aucun aliment, et, à la clarté de la torche, il examina son appartement, et les moyens d'entrée qu'il offrait. Il est presque inutile de dire qu'il ne trouva plus la porte de communication avec la chambre de Brenhilda, ce qui le convainquit qu'on ne les avait séparés la veille sous prétexte de scrupules religieux qu'afin d'accomplir quelque dessein perfide contre lui, peut-être contre tous deux. Nous avons déjà vu la part qu'il eut dans les aventures de cette nuit, et le succès qu'il avait obtenu dans une crise si terrible lui donna l'espoir — espoir auquel il ne se livra qu'en tremblant — que Brenhilda, par son courage et sa valeur, serait en état de se défendre elle-même contre toute attaque dirigée contre elle, de vive force ou par trahison, jusqu'à ce qu'il pût trouver le moyen d'aller à son secours. — J'aurais dû, pensa-t-il, faire plus d'attention à l'avis que me donna Bohémond la nuit dernière ; car il me fit entendre, je crois, aussi clairement que s'il me l'eût dit en termes positifs, que cette coupe de vin était une potion préparée et dangereuse. Mais fi ! quelle basse cupidité ! Comment pouvais-je croire qu'il avait de tels soupçons, quand il ne les exprimait pas franchement, et que, par indifférence ou dans des vues lâchement intéressées, il me laissait courir le risque d'être assassiné par un despote audacieux ?

En ce moment, la même voix se fit entendre du même côté qu'auparavant. — Holà ! ho ! étranger ! vivez-vous encore, ou avez-vous été assassiné ? Que signifie cette odeur étouffante de fumée ? Pour l'amour de Dieu, répondez à un homme à qui ses yeux ne peuvent rien apprendre, puisqu'ils sont fermés pour toujours.

— Je suis en liberté, dit le comte, et le monstre destiné à me dévorer n'existe plus. Je voudrais, mon ami Ursel, puisque tel est ton nom, que tu eusses l'usage de tes yeux, et que tu eusses pu être témoin de ce combat. Il en aurait valu la peine, quand même tu aurais dû les perdre le moment d'après, et tu aurais pu rendre un grand service à quiconque aura la tâche d'écrire mon histoire.

Tandis qu'il cédait un moment à l'impulsion de cette vanité qui le dominait fortement, il cherchait, sans perdre un seul instant, quelque moyen de s'échapper de sa prison, sans quoi, il ne pouvait avoir aucun espoir de retrouver son épouse. Enfin il sentit une porte dans la muraille, mais elle était garnie de forts verrous fermant à clef.—J'ai trouvé le passage, s'écria-t-il, il est du côté d'où vient ta voix; mais comment ouvrirai-je la porte?

— Je t'apprendrai ce secret, dit Ursel. Je voudrais pouvoir aussi aisément ouvrir tous les verrous qui s'opposent à ce que nous puissions respirer un air libre. Mais quant au cachot où tu te trouves, emploie toutes tes forces pour en soulever la porte, et lever les gonds jusqu'à un endroit où ils trouveront une rainure pratiquée dans la muraille, et alors, avec un léger effort, la porte s'ouvrira. Plût à Dieu que je pusse te voir; non-seulement parce que, étant un brave, tu dois être bon à voir, mais encore parce que je saurais par là que je ne suis pas condamné à d'éternelles ténèbres!

Pendant qu'il parlait ainsi, le comte fit un paquet de son armure, à laquelle rien ne manquait, excepté son sabre Tranchefer. Il voulut ensuite essayer d'ouvrir la porte de sa prison, en suivant les instructions de l'infortuné Ursel. Il reconnut bientôt qu'il ne servait à rien de chercher à l'enfoncer; mais quand il eut employé sa force colossale pour la soulever autant qu'il était possible, il eut la satisfaction de sentir que les verrous cédaient, quoique avec peine. Une rainure avait été taillée dans le mur, de manière à leur permettre de sortir de la coulisse dans laquelle ils entraient; et sans avoir besoin de clef, mais en poussant fortement en avant, le chevalier s'ouvrit un étroit passage par lequel il entra, tenant son armure à la main.

— Je t'entends, étranger, dit Ursel; et je sais que tu es entré dans le lieu de ma captivité. J'ai passé trois ans à tailler ces rainures répondant aux coulisses dans lesquelles entrent ces verrous de fer, et les gardiens de la prison n'ont jamais découvert ce secret. Mais peut-être vingt autres verrous exigeraient le même travail avant que mes pas pussent s'approcher de l'air libre. Quelle apparence que j'aie assez de force d'esprit pour continuer cette tâche? Cependant, crois-moi, noble étranger; je me réjouis d'avoir contribué de cette manière à ta délivrance, car si le ciel n'accorde pas plus de succès à nos efforts pour regagner notre liberté, nous pourrons du moins être une consolation l'un pour l'autre, tant que la tyrannie nous permettra de vivre.

Le comte Robert regarda autour de lui, et frémit en entendant une créature parler de consolation, quand elle était enfermée dans ce qui semblait un tombeau. Le cachot d'Ursel n'avait pas plus de douze pieds carrés, le toit en était voûté, et les murs étaient construits de grosses pierres jointes en mortaise par le ciseau. Un lit, une lourde escabelle, semblable à celle dont le comte s'était servi pour briser la tête du tigre, et une table également grossière, en formaient tout l'ameublement. Sur une pierre de forme longue au-dessus du lit, était gravée cette inscription courte, mais terrible : « Zedekias Ursel, emprisonné ici les ides de mars de l'an de grâce...; mort et enterré dans le même lieu le... » Un espace blanc avait été laissé pour remplir la date. A peine pouvait-on distinguer les traits du prisonnier dans l'état déplorable où il était réduit. Ses cheveux, qui n'avaient été ni coupés ni peignés depuis trois ans, tombaient en longues mèches autour de sa tête, et se mêlaient à une barbe d'une longueur étonnante.

— Regarde-moi, dit le prisonnier, et réjouis-toi de pouvoir contempler la situation misérable à laquelle un tyran farouche peut réduire un de ses semblables, en le frappant dans son existence actuelle et dans ses espérances futures.

— Et c'est toi, dit le comte Robert, dont le sang se glaçait dans ses veines, c'est toi qui as eu le courage de passer ton temps à couper ces blocs de pierre dans lesquels entrent ces verrous?

— Hélas! répondit Ursel, que pouvait faire un aveugle? il fallait m'occuper, si je ne voulais pas perdre l'esprit. C'était un grand travail, et cette tâche ne fut finie qu'en trois ans. Tu ne peux être surpris que j'y aie consacré tout mon temps, quand je n'avais pas d'autre moyen de l'employer. Peut-être, et je suis porté à le croire, mon cachot ne permet-il pas de distinguer le jour de la nuit; mais l'horloge d'une cathédrale éloignée m'apprenait qu'une heure venait d'en suivre une autre, et me retrouvait toujours occupé à frotter pierre contre pierre. Mais quand la porte céda, je reconnus que je n'avais fait que m'ouvrir un accès à une prison encore plus forte que la mienne. Je me réjouis pourtant d'avoir fini cet ouvrage, puisqu'il nous a réunis, qu'il t'a permis d'entrer dans mon cachot, et qu'il m'a donné un compagnon de misère.

— Aie de plus hautes pensées, dit le comte Robert. Songe à la liberté, songe à la vengeance. Je ne puis croire qu'une si infâme trahison réussisse complétement ; autrement, je le déclare, le ciel serait moins juste que les prêtres nous le disent. — Et comment te fournit-on ta nourriture dans ton cachot ?

— Un garde qui, je crois, ne connaît pas la langue grecque, car jamais il ne me répond ni ne me parle, m'apporte tous les deux jours ce qui est indispensable pour soutenir ma misérable existence : un pain et une cruche d'eau. Il faut donc que je vous prie de vous retirer dans la prison voisine jusqu'à ce qu'il soit venu, afin qu'il ne puisse savoir que nous avons le moyen de nous parler.

— Je ne vois pas comment ce Barbare, si c'en est un, peut entrer dans mon cachot sans passer par le tien. Quoi qu'il en soit, je vais rentrer dans l'autre chambre ; mais sois bien assuré que ce garde aura affaire à moi avant qu'il ait fini sa besogne aujourd'hui. En attendant, regarde-toi comme muet aussi bien qu'aveugle, et sois sûr que même l'offre de la liberté ne pourrait me déterminer à abandonner la cause d'un compagnon d'infortune.

— Hélas ! j'écoute tes promesses, comme celles du vent du matin, qui me dit que le soleil va se lever, quoique je sache que, moi du moins, je ne le verrai plus. Tu es un de ces chevaliers fougueux et ne doutant de rien que l'occident de l'Europe a envoyés depuis tant d'années pour tenter des choses impossibles, et par conséquent je ne puis espérer de toi que des projets de secours semblables aux bulles de savon que souffle un enfant.

— Pense mieux de nous, vieillard, dit le comte Robert en se retirant. Du moins, laisse-moi mourir dans l'ardeur de l'espérance, et en regardant comme possible ma réunion à Brenhilda.

A ces mots, il rentra dans son cachot, et replaça la porte, pour que le garde, quand il arriverait, ne pût remarquer les opérations d'Ursel, qui n'étaient que ce qu'avaient pu faire trois ans de solitude. Il est malheureux, pensa-t-il quand il se retrouva dans sa prison (car il conclut naturellement que la chambre dans laquelle le tigre avait été placé lui avait été destinée), il est malheureux que je n'aie pas trouvé un jeune et vigoureux compagnon de prison, au lieu d'un homme affaibli par un long emprisonnement, aveugle et hors d'état de faire aucun effort. Mais que la volonté de Dieu se fasse! je ne laisserai pas derrière moi le pauvre diable que j'ai trouvé dans une telle situation. En attendant, examinons bien les murailles avant d'éteindre la torche, afin de voir si nous y découvrirons quelque autre porte que celle qui conduit à la prison de l'aveugle Si je n'en trouve pas je serai tenté de croire qu'on m'a descendu par le toit. Cette coupe, cette Muse, comme on l'appelle, la liqueur qu'elle contenait avait un goût qui ressemblait à une médecine plutôt qu'à un vin destiné à porter une santé joyeuse.

Il commença l'examen attentif des murailles, déterminé à éteindre ensuite la torche, afin de pouvoir attaquer l'individu qui entrerait dans son cachot, dans l'obscurité et par surprise. Pour la même raison, il traîna le corps du tigre dans le coin le plus sombre, et le couvrit des débris des couvertures brûlées, jurant en même temps qu'un demi-tigre serait son cimier à l'avenir, s'il avait le bonheur d'échapper au danger dans lequel il se trouvait, ce dont son intrépidité ne lui permettait pas de douter. — Mais, ajouta-t-il, si ces nécromanciens, ces vassaux de l'enfer, lâchent le diable contre moi, que ferai-je en ce cas? Et la chance est si grande que je ferais peut-être mieux de ne pas éteindre la torche. Cependant c'est une puérilité pour un chevalier qui a été armé dans la chapelle de Notre-Dame-des-Lances Rompues, de redouter les ténèbres. Qu'ils arrivent! qu'il vienne autant de diables que ce cachot peut en contenir! et nous verrons si je ne les reçois pas comme il convient à un chevalier chrétien. Et sûrement Notre-Dame, que j'ai toujours fidèlement honorée, regardera comme un sacrifice méritoire l'effort que j'ai fait en m'arrachant, même pour un seul instant, à ma chère Brenhilda, par égard pour la fête de l'Avent, ce qui a causé notre fatale séparation. Oui, démons, je vous défie en corps comme en esprit, et je garde le reste de cette torche pour quelque occasion plus convenable. A ces mots, il la lança contre la muraille pour l'éteindre, et s'assit ensuite tranquillement dans un coin pour attendre ce qui pourrait arriver.

Les pensées se succédaient rapidement dans son esprit. Sa confiance dans la fidélité de la comtesse, et dans sa force et son activité peu communes, était sa plus grande consolation; et à quelque danger, même sous la forme la plus terrible, qu'il se la figurât exposée, il en puisait une autre dans cette réflexion: — Elle est pure comme la rosée du ciel, et le ciel n'abandonnera pas ce qui lui appartient.

CHAPITRE XVI.

> Étrange imitateur des actions de l'homme,
> Effronté satirique, ou bien mauvais plaisant,
> Qui ne peux inspirer qu'un dégoût méprisant;
> Pour voir avec plaisir ta grotesque figure
> Exprimer notre orgueil, nos traits, notre tournure,
> D'un singulier caprice il faut être entiché.
> *Anonyme.*

Le comte Robert s'était caché derrière les ruines du lit, de sorte qu'il ne pouvait guère être aperçu, à moins qu'une forte lumière n'éclairât tout à coup le lieu de retraite qu'il avait choisi, et il était impatient de savoir comment et par quelle entrée le gardien de la prison, chargé de porter de la nourriture aux prisonniers, se montrerait à lui. Il n'eut pas bien long-temps à attendre pour être averti de l'approche de cet homme.

Une lumière, qui semblait partir d'une trappe pratiquée dans le plafond, pénétra dans le cachot, et une voix prononça ces mots anglo-saxons : — Saute, drôle; allons, point de délai; saute, mon bon Sylvain; montre ton agilité. Une voix rauque lui répondit par des accens inarticulés auxquels le comte de Paris ne put rien comprendre, mais qui lui parurent indiquer peu d'envie d'obéir à l'ordre qui avait été donné.

— Eh bien! monsieur, reprit la première voix, est-ce que vous avez envie de faire le mutin? Si vous êtes si paresseux, il faudra que je vous donne une échelle, et probablement un bon coup de pied, pour accélérer le voyage de votre honneur. En ce moment, un être d'une taille gigantesque, ayant plus de sept pieds, et ayant la forme humaine, sauta par la trappe, quoiqu'elle fût à une hauteur d'environ quatorze pieds. Il tenait de la main gauche une torche allumée, et de sa droite un écheveau de soie très-fine, dont le fil se dévidant, tandis qu'il descendait, ne se cassa point, quoiqu'il soit aisé de comprendre qu'il ne pouvait soutenir un être de cette taille en descendant d'une telle hauteur. Il tomba sur ses pieds avec beaucoup d'agilité et sans se faire aucun mal, et, comme s'il eût rebondi sur le plancher, il sauta en l'air de manière à toucher presque au plafond. Dans cette dernière gambade, la torche qu'il portait s'éteignit; mais ce geôlier extraordinaire la fit aussitôt tourner autour de sa tête avec une telle rapidité qu'elle se ralluma. Il parut du moins que c'était son dessein, car il chercha à s'assurer qu'il était parvenu à son but, en approchant sa main gauche de la flamme avec une sorte de précaution. Cette expérience pratique eut des suites auxquelles il ne s'attendait probablement pas, car il poussa un cri de douleur, secoua la main qu'il s'était brûlée, et murmura une sorte de plainte.

— Prends garde, Sylvain! dit la même voix en anglo-saxon, et d'un ton de réprimande. Allons, songe à ton devoir, Sylvain; porte sa nourriture à l'aveugle, et ne reste pas là à t'amuser, ou je ne te permettrai plus de faire seul cette commission.

Cet être singulier, car ce serait une témérité de lui donner le nom d'homme, leva les yeux vers l'endroit d'où venait la voix, et y répondit par une grimace épouvantable, et en montrant le poing. Il commença pourtant sur-le-champ à défaire un paquet et à fouiller dans les poches d'une sorte de justaucorps et des pantalons qu'il portait, cherchant, à ce qu'il parut, un trousseau de clefs, qu'il trouva enfin, et il prit alors un pain dans le paquet. Échauffant une pierre de la muraille, il y attacha sa torche, à l'aide d'un morceau de cire, et ouvrit ensuite la porte du cachot de l'aveugle, à l'aide d'une clef, qu'il choisit dans le trousseau. Il parut chercher dans le passage une pompe, où il remplit une cruche qu'il avait apportée. Il revint avec les restes du pain de l'avant-veille et l'autre cruche, mangea une bouchée, comme pour s'amuser, et, faisant une grimace hideuse, il jeta par terre les fragmens du pain qui restaient.

Pendant ce temps, le comte de Paris suivait des yeux avec attention tous les mouvemens de cet animal inconnu. Sa première pensée fut qu'une créature, dont la taille s'élevait tellement au-dessus de celle de l'homme, dont les grimaces étaient si effrayantes, et dont l'agilité paraissait surnaturelle, ne pouvait être que Satan en personne, ou quelqu'un des diables qui lui sont subordonnés, et dont la situation et les fonctions dans ces régions ténébreuses ne semblaient pas difficiles à deviner. Cependant la voix qu'il avait entendue était moins celle d'un nécromancien conjurant un démon que celle d'un homme donnant des ordres à un animal sauvage, sur lequel il avait acquis une grande supériorité en le domptant.

— Fi! dit le comte; fi! souffrirai-je qu'un misérable singe, car je crois que cette créature semblable au diable n'est pas autre chose, quoique je n'en aie jamais vu qui eussent la moitié de sa taille, mette obstacle à ce que je retrouve la lumière du jour et la liberté? Soyons attentif, et j'espère que ce sire le Velu me servira de guide pour regagner les régions supérieures.

Cependant cet être étrange, qui furetait dans tous les coins, découvrit enfin le corps du tigre; il le toucha, le remua, en faisant des mouvemens étranges, et il parut s'étonner et gémir de sa mort. Tout à coup il sembla frappé de l'idée que quelqu'un devait l'avoir tué, et le comte Robert eut la mortification de le voir choisir une seconde fois la clef de la porte du cachot de l'aveugle, et faire un bond si rapide de ce côté, que, s'il avait eu intention de l'étrangler, il aurait exécuté son dessein avant que le comte eût eu le temps de s'opposer à cet acte de vengeance. Il paraît pourtant qu'il réfléchit que, par des raisons qui lui semblèrent satisfaisantes, la mort du tigre ne pouvait pas être l'ouvrage du malheureux Ursel, mais qu'elle avait été occasionée par quelque autre personne cachée dans le premier cachot.

Murmurant d'un voix rauque, cet être étrange, si semblable à la forme humaine, et pourtant si différent de l'homme, fit le tour des murailles, remuant tout ce qui lui paraissait pouvoir cacher quelqu'un. Il faisait de grands pas, avançait ses longs bras; et ses yeux perçans, aux aguets pour découvrir l'objet de sa recherche, examinaient soigneusement tous les coins, à l'aide de la lumière de la torche.

En se rappelant le voisinage de la collection d'animaux de l'empereur Alexis, le lecteur ne peut guère douter maintenant que l'être en question, dont la nature avait paru si problématique au comte de Paris, ne fût un individu de cette espèce gigantesque de singes, — si toutefois ce n'est pas quelque animal allié de plus près à notre espèce, — auxquels les naturalistes ont donné, je crois, le nom d'orang-outang. Cet animal diffère du reste de sa confrérie, en ce qu'il est, comparativement, plus docile et plus intelligent; et quoiqu'il possède le génie d'imitation, qui est commun à toute sa race, il exerce cette faculté moins par dérision que par un désir d'amélioration et d'instruction qui est inconnu à ses frères. L'aptitude qu'il possède à s'instruire est si grande qu'elle surprend; et probablement, s'il était placé dans une situation favorable, on pourrait parvenir à lui donner, en grande partie, les habitudes de la domesticité : mais l'ardeur de la curiosité scientifique ne lui a jamais donné ces avantages. Le dernier dont nous ayons entendu parler a été vu, à ce que nous croyons, dans l'île de Sumatra. Il était de grande taille, ayant plus de sept pieds de hauteur, et avait une force prodigieuse. Il mourut en défendant opiniâtrément sa vie contre une troupe d'Européens. Nous ne pouvons nous empêcher de croire qu'ils auraient pu mieux employer la supériorité que leur donnaient leurs connaissances sur le pauvre habitant des forêts. Ce fut probablement cette créature qu'on voyait rarement, mais qu'on n'oubliait jamais quand on l'avait vue, qui fit naître l'ancienne croyance au dieu Pan, aux sylvains et aux satyres. Si ce n'était le don de la parole, que nous ne pouvons supposer qu'aucun membre de cette famille ait jamais obtenu, nous aurions cru que le satyre vu par saint Antoine dans le désert appartenait à cette race.

Il nous est donc beaucoup plus facile d'ajouter foi aux annales qui attestent que la ménagerie d'Alexis Comnène contenait un de ces animaux dont le naturel sauvage avait été dompté à un degré surprenant, et qui montrait une intelligence qui n'avait été le partage jusqu'alors d'aucune créature de cette espèce. Ayant donné cette explication, nous reprenons le fil de notre histoire.

L'orang-outang s'avançait à pas allongés et sans bruit, et la torche qu'il tenait à la main, dessinant son ombre sur la muraille, y offrait la représentation de sa taille colossale et de ses membres mal proportionnés. Le comte Robert restait toujours caché, n'étant pas pressé de commencer une lutte dont il était impossible de prévoir le résultat. Cependant l'homme des bois approchait, et, à chaque pas qu'il faisait, l'idée d'un danger d'une espèce si nouvelle et si étrange faisait tressaillir le cœur du comte, au point qu'on aurait pu en entendre les battemens. Enfin l'animal arriva près du lit ; ses yeux hideux se fixèrent sur ceux du comte, et, aussi surpris de le voir que Robert l'était lui-même d'une telle rencontre, l'instinct lui fit pousser un cri de terreur, et d'un seul bond il recula d'une quinzaine de pas. Il s'avança alors sur la pointe des pieds, tenant sa torche en avant, entre lui et l'objet de sa frayeur, comme pour l'examiner d'aussi loin qu'il était possible, et sans se mettre en danger. Le comte Robert saisit un fragment du bois de lit, assez pesant pour servir de massue, et le leva en en menaçant l'habitant des bois.

L'éducation du pauvre animal, comme la plupart des éducations, avait probablement été faite à l'aide des coups, et il en conservait sans doute le souvenir aussi bien que celui des leçons qui lui avaient été inculquées de cette manière. Le comte de Paris, s'apercevant qu'il possédait un ascendant dont il ne se doutait pas, n'était pas homme à manquer d'en profiter. Il redressa sa taille belliqueuse, s'avança d'un pas aussi triomphant que s'il eût été dans la lice, et menaça l'orang-outang de sa massue comme il aurait menacé de son redoutable tranchefer un ennemi dans une rencontre. De son côté, l'homme des bois montrait de la prudence, et il recula avec la même précaution qu'il avait avancé. Cependant il semblait n'avoir pas renoncé à tout projet de résistance ; il faisait entendre un murmure sourd, annonçant le courroux et l'hostilité, brandissait sa torche, et avait l'air de vouloir en frapper le croisé. Le comte Robert résolut alors de profiter de l'avantage que lui offrait la crainte évidente de son ennemi, et de le priver de la supériorité naturelle que devaient nécessairement lui donner sur l'espèce humaine sa taille, sa force et son agilité extraordinaires. Maniant parfaitement son arme, le comte menaça de frapper son antagoniste sur le côté droit de la tête ; mais, par une feinte subite, il fit tomber le coup sur le côté gauche avec une telle force qu'il le renversa, et au même instant, lui appuyant un genou sur la poitrine, il tira son poignard dans l'intention de lui ôter la vie.

L'orang-outang, ignorant la nature de la nouvelle arme dont il était menacé, essaya en même temps de se relever, de renverser son antagoniste, et de lui arracher son poignard. Il aurait probablement réussi dans la première tentative ; déjà même il s'était placé sur ses genoux, et il semblait devoir l'emporter dans cette lutte, quand il sentit que le chevalier, en retirant le poignard que l'animal avait saisi par la lame, lui avait fait une coupure à la main, et le voyant lui en appuyer la pointe sur la gorge, il reconnut probablement que son ennemi était maître de sa vie. Il se laissa alors renverser de nouveau, sans opposer aucune résistance, et poussa un cri triste et plaintif ayant quelque chose d'humain et qui excitait la compassion. En même temps il se couvrit les yeux de la main qui n'était pas blessée, comme s'il eût voulu dérober à sa vue la mort dont il était menacé.

Le comte Robert, malgré sa passion pour les combats, était en général un homme d'un caractère calme et doux, et plein de bienveillance pour les classes inférieures de la création. Ces réflexions se succédèrent rapidement dans son esprit : — Pourquoi ôterais-je la vie à ce malheureux animal, qui ne peut en espérer une autre ? Et n'est-il pas possible que ce soit quelque prince ou quelque chevalier à qui la magie a donné cette forme étrange pour qu'il aide à garder ces prisons, et à mettre à fin les aventures extraordinaires qui s'y passent? Ne serais-je donc pas coupable d'un crime en le tuant, quand il s'est rendu à discrétion, ce qu'il a fait aussi complétement que le permet sa métamorphose? Et si ce n'est réellement qu'un animal, ne peut-il avoir quelque idée de reconnaissance? J'ai entendu les ménestrels chanter le lai d'Androclès et du lion. — Je serai sur mes gardes avec lui.

Après avoir ainsi raisonné, il se releva, et permit à l'homme des bois d'en faire autant. Celui-ci parut sensible à cet acte de clémence, car il murmura quelques cris d'un ton bas et suppliant, qui semblaient en même temps implorer merci, et rendre grâce de celle qu'il avait déjà obtenue. Il pleura en voyant le sang couler de sa blessure; et avec une physionomie qui lui donnait plus de ressemblance avec l'homme, maintenant qu'elle portait une expression de souffrance et de tristesse, il parut attendre avec terreur la sentence d'un être plus puissant qu'il ne l'était.

La poche que le chevalier portait sous son armure ne pouvait contenir que bien peu de chose. Il s'y trouvait pourtant une fiole de baume vulnéraire, dont le comte avait souvent besoin, un peu de charpie, et un petit rouleau de linge. Il y prit tous ces objets, et fit signe à l'animal d'avancer sa main blessée. L'homme des bois obéit en hésitant et avec une sorte de répugnance. Le comte versa quelques gouttes de baume sur la blessure et la pansa, disant au patient, d'un ton sévère, qu'il avait peut-être tort d'employer pour lui un baume précieux, composé pour servir aux plus nobles chevaliers, et l'avertissant en même temps que, s'il faisait un mauvais usage des bontés qu'il avait pour lui, il lui enfoncerait dans le corps, jusqu'à la garde, le poignard dont il avait déjà senti le tranchant.

L'orang-outang avait les yeux fixés sur le comte Robert, presque comme s'il eût compris les paroles qui lui étaient adressées ; et murmurant quelques accens à sa manière, il se baissa, baisa les pieds du chevalier, lui embrassa les genoux, et sembla lui jurer reconnaissance éternelle et fidélité. En conséquence, lorsque le comte se fut retiré vers le lit, et qu'il eut mis son armure pour attendre que la trappe se rouvrît, l'animal s'assit auprès de lui, dirigeant ses yeux du même côté, et paraissant attendre patiemment l'ouverture de la trappe.

Après avoir passé ainsi près d'une heure, un léger bruit se fit entendre au-dessus de leurs têtes, et l'homme des bois tira le Franc par l'habit, comme pour l'avertir de faire attention à ce qui allait arriver. On entendit quelques coups de sifflet, et la même voix qui avait déjà parlé s'écria : — Sylvain ! Sylvain ! que fais-tu donc là ? Viens sur-le-champ ! ou, de par la croix, tu seras payé de ta paresse.

Le pauvre monstre, comme Trinculo (1) aurait pu l'appeler, parut comprendre cette menace, et il le prouva en se rapprochant du comte Robert le plus près possible, et en poussant en même temps des accens plaintifs, comme s'il eût imploré la protection du chevalier. Oubliant combien il était invraisemblable, même dans sa propre opinion, que cet animal

---

(1) Personnage bouffon, dans *le Naufrage*, comédie de Shakspeare. (*Note du traducteur*)

pût l'entendre, le comte de Paris lui dit : — Quoi, l'ami ! as-tu déjà appris la principale prière des courtisans de ce pays, qui demandent qu'il leur soit permis de parler et de vivre ? Ne crains rien, pauvre créature : je suis ton protecteur.

— Quoi! Sylvain, reprit la voix d'en haut, qui as-tu donc trouvé pour compagnon? Est-ce un diable? est-ce l'esprit d'un homme assassiné? On dit qu'il en revient souvent dans ces souterrains. T'amuses-tu à écouter le bavardage du vieux rebelle? Ou bien est-il vrai, comme on le dit, que tu es en état de bien parler quand tu le veux, et que, si tu ne fais entendre que des sons inarticulés et inintelligibles, c'est de peur qu'on ne te force à travailler? Allons, maudit paresseux, je vais te donner l'aide d'une échelle, quoique tu n'en aies pas plus besoin qu'il n'en faudrait à un geai pour monter au haut du clocher de la cathédrale de Sainte-Sophie. Allons, monte, ajouta-t-il en descendant une échelle par la trappe; et ne me donne pas la peine de descendre pour t'aller chercher; sans quoi, par saint Swithin ! tu t'en trouveras mal. Allons donc, monte sur-le-champ, comme un bon garçon, et pour cette fois je te ferai grâce de mon fouet.

Cette harangue parut faire impression sur l'homme des bois. Il sembla faire ses adieux au comte Robert, en jetant sur lui un regard lamentable que le chevalier remarqua à la lueur de la torche prête à s'éteindre, et il s'avança lentement vers l'échelle, avec l'air d'un condamné à mort qui fait la même évolution. Mais dès que le comte prit un air courroucé et lui montra son formidable poignard, l'animal intelligent prit sur-le-champ sa résolution, et serrant fortement les poings, comme quelqu'un qui a pris son parti, il revint du pied de l'échelle et se plaça derrière le comte de Paris, mais avec l'air d'un déserteur qui ne se sent pas tout-à-fait à son aise lorsqu'il se voit appelé à se mettre en campagne contre son ancien commandant.

Au bout de quelques instans, la patience du garde de la prison fut épuisée, et désespérant que Sylvain revînt volontairement, il résolut de descendre pour aller le chercher. Il mit le pied sur l'échelle, tenant d'une main un trousseau de clefs, et portant une sorte de lanterne sourde dont le fond était arrangé de manière qu'on pouvait la porter sur la tête comme un chapeau. A peine avait-il mis un pied sur le plancher qu'il fut entouré par les bras nerveux du comte de Paris. Sa première idée fut qu'il était saisi de cette manière par le singe rebelle.

— Comment, misérable! s'écria-t-il; lâche-moi, ou tu es mort.

— Tu es mort toi-même! répliqua le comte, qui sentait tout l'avantage que lui donnaient en ce moment son talent pour la lutte et la surprise de son adversaire.

— Trahison! trahison! s'écria le garde, à qui ces mots apprirent qu'il était attaqué par un étranger. Au secours, là-haut, au secours! Hereward, Varangien! Anglo-Saxon! ou quel que soit le maudit nom que tu te donnes.

Pendant qu'il criait ainsi, la main de fer du comte de Paris le saisit à la gorge, et l'empêcha d'en dire davantage. Ils tombèrent lourdement tous deux, le garde en dessous, sur le plancher du cachot; et le comte, se regardant comme excusé par la nécessité, lui plongea son poignard dans la gorge. En cet instant, le bruit d'une armure se fit entendre, et Hereward, descendant précipitamment par le moyen de l'échelle, arriva dans la prison. La lanterne était tombée de la tête du garde, mais sans s'éteindre, et la clarté qu'elle rendait le montra au Varangien couvert de sang, et encore fortement tenu par un étranger. Hereward n'hésita pas à courir à son secours, et prenant sur le comte de Paris le même avantage que ce chevalier avait obtenu sur son adversaire un moment auparavant, il se précipita sur lui, et le tint étendu, le visage tourné vers la terre.

Le comte Robert était un des hommes les plus forts de ce siècle guerrier, mais l'Anglo-Saxon ne lui cédait point à cet égard; et si ce dernier n'avait pas eu un avantage décidé en tenant son antagoniste sous lui, il aurait certainement été impossible de prévoir le résultat de ce combat.

— Rends-toi, rescousse ou non rescousse, pour me servir de ton jargon, s'écria le Varangien; ou la pointe de mon poignard te donne la mort.

— Un comte français ne se rend jamais, répondit Robert, qui commença à conjecturer à quel nouvel ennemi il avait affaire, et surtout à un esclave vagabond comme toi! En parlant ainsi, il fit un effort pour se relever, si soudain, si vigoureux et si puissant, qu'il se serait tiré des mains du Varangien, si celui-ci, déployant toutes ses forces, n'eût réussi à conserver l'avantage qu'il avait obtenu. Il leva alors son poignard pour mettre fin d'un seul coup à la querelle. Mais au même instant, une sorte de rire rauque et sauvage se fit entendre, une main vigoureuse lui saisit le bras, un bras nerveux lui entoura le cou, l'étendit sur le dos, et le comte en profita pour se relever.

— C'est donc toi qui mourras, misérable ! s'écria le Varangien, sachant à peine qui il menaçait ainsi. Mais l'homme des bois conservait sans doute un souvenir terrible de la prouesse humaine. Il s'enfuit rapidement, monta l'échelle, et laissa le chevalier auquel il venait de sauver la vie et l'Anglo-Saxon se battre avec telle chance de succès qu'ils pourraient avoir.

Les circonstances semblaient annoncer un combat désespéré. Les deux champions étaient de grande taille, vigoureux et intrépides. Tous deux portaient une armure défensive, et ils n'avaient d'autre arme offensive que le fatal et dangereux poignard. Ils restèrent quelques instans immobiles, en face l'un de l'autre, examinant avec soin leurs moyens respectifs de défense, avant de se résoudre à frapper un coup qui, s'il n'arrivait pas au but, devait fournir à l'autre l'occasion d'en porter un plus fatal. Pendant cette pause inquiétante, un rayon de lumière partit de la trappe, et l'on y vit paraître les traits étranges et alarmés de l'homme des bois, tenant en main une nouvelle torche, et étendant le bras pour la baisser autant que possible dans le cachot.

— Combattez bravement, camarade, dit le comte Robert ; car nous ne nous battons plus seul à seul : il a plu à ce respectable personnage de se constituer juge du champ-clos.

Quelque hasardeuse que fût sa situation, le Varangien leva les yeux, et il fut si frappé de l'expression étrange des traits grotesques de cet animal, qui exprimaient à la fois l'épouvante et la curiosité, qu'il ne put retenir un éclat de rire.

— Sylvain, dit-il, est du nombre de ceux qui aimeraient mieux tenir la chandelle pendant une danse si formidable que d'y prendre part eux-mêmes.

— Y a-t-il donc, demanda le comte Robert, nécessité absolue que toi et moi nous y figurions?

— Rien que notre bon plaisir, répondit Hereward, car je ne vois pas qu'il y ait entre nous une cause de querelle suffisante pour que nous devions la vider en un tel lieu, et devant un tel spectateur. Si je ne me trompe, tu es ce Franc intrépide qui fus emprisonné la nuit dernière dans ce cachot avec un tigre enchaîné à quelques pieds de ton lit?

— Oui, c'est moi.

— Et où est l'animal auquel tu as été exposé?

— Le voilà. Il n'inspirera jamais plus de terreur que le daim qu'il a pu dévorer dans ses forêts. En parlant ainsi, il lui montra le corps du tigre, et Hereward l'examina à l'aide de la lanterne sourde dont nous avons déjà parlé.

— Et ceci est l'œuvre de ta main? demanda l'Anglo-Saxon avec surprise.

— Comme tu le dis, répondit le comte avec indifférence.

— Et tu as tué mon compagnon de garde?

— Ou du moins mortellement blessé.

— Si tu y consens, je te demanderai un moment de trêve pour examiner sa blessure.

— Bien volontiers. Puisse se flétrir le bras qui porterait un coup en trahison à un ennemi honorable!

Sans demander d'autre garantie, le Varangien quitta son attitude défensive et prudente; et, à l'aide de la lanterne, se mit à examiner la blessure du premier champion qui avait paru sur le champ de bataille, et qui, portant l'uniforme romain, paraissait être un soldat des cohortes appelées les Immortels. Il le trouva dans l'agonie de la mort, mais encore en état de parler.

— Ainsi donc, Varangien, te voilà enfin! C'est à ta paresse ou à ta trahison que je dois imputer mon destin. Ne me réponds pas! L'étranger m'a frappé au-dessus de la clavicule. Si nous avions vécu long-temps, ou que nous nous fussions rencontrés souvent, je t'en aurais fait autant, pour faire sortir de ta mémoire certains événemens qui se sont passés à la Porte d'Or. Je connais trop bien le maniement du poignard pour douter de l'effet d'un coup frappé au-dessus de la clavicule par un bras aussi vigoureux. Je sens le moment approcher. Celui qui était de la cohorte des Immortels va devenir véritablement immortel, si ce que les prêtres nous disent est vrai. L'arc de Sébastès de Mytilène est brisé avant que son carquois soit à moitié vide.

Le bandit grec retomba dans les bras d'Hereward, et termina sa vie en poussant un profond gémissement, qui fut le dernier son qu'il fit entendre. Le Varangien déposa son corps sur le plancher.

— L'affaire devient embarrassante, se dit-il à lui-même. Je ne suis certainement pas obligé de mettre à mort un homme brave, quoique mon ennemi national, parce qu'il a tué un mécréant qui projetait secrétement de m'assassiner moi-même; et ce n'est ni dans un pareil lieu, ni sous un pareil jour que doivent se battre les champions de deux nations. Ajournons donc cette querelle pour le moment. Qu'en dites-vous, noble comte? Ne pourrions-nous attendre, pour la vider, que nous vous ayons tiré des prisons de Blaquernal, et que nous vous ayons rendu à vos amis et à vos soldats? Si un pauvre Varangien pouvait vous servir en cette affaire, refuseriez-vous ensuite de le rencontrer en combat singulier, vos armes ou les siennes à la main?

— Si tu veux, soit comme ami, soit comme ennemi, accorder aussi tes secours à mon épouse, qui est également emprisonnée quelque part dans ce palais inhospitalier, sois bien assuré que, quels que soient ton rang, ton pays, ta condition, Robert de Paris sera prêt, suivant ton propre choix, à te tendre la main en signe d'amitié, ou à la lever contre toi en combat égal. Et ce sera un combat, non de haine, mais d'honneur et d'estime. J'en fais serment par l'âme de Charlemagne, un de nos ancêtres, et par la chapelle de ma patrone Notre-Dame des Lances Rompues !

— Suffit ! quoique pauvre exilé, j'éprouve le besoin de secourir la comtesse votre épouse autant que si j'étais le premier dans les rangs de la chevalerie; car si quelque chose peut rendre plus sacrée l'obligation de prendre la cause du mérite et de la bravoure, c'est lorsque ces qualités se trouvent réunies en la personne d'une femme persécutée et sans défense.

— Je devrais maintenant garder le silence, sans

fatiguer ta générosité par de nouvelles demandes. Mais, si la fortune n'a pas souri à ta naissance en te faisant naître dans les rangs de la noblesse et de la chevalerie, la Providence t'a rendu plus que justice en t'accordant un cœur où il se trouve plus d'honneur que n'en possèdent toujours, à ce que je crains, ceux qui sont enrôlés dans les nobles rangs de la chevalerie. Dans ces cachots végète, car je ne puis dire qu'il y vit, un vieillard aveugle, pour qui, depuis trois ans, tout ce qui s'est passé hors de sa prison n'a été qu'un point noir. Le pain et l'eau font toute sa nourriture ; il n'a de communication qu'avec un sombre geôlier ; et si le trépas peut jamais arriver comme un libérateur, ce doit être pour cet infortuné. Qu'en dis-tu ? arrivé au faîte de l'infortune, ne profitera-t-il pas de la seule occasion qu'il puisse jamais trouver de recouvrer sa liberté ?

— Par saint Dunstan ! tu fais plus que garder le serment que tu as prêté comme redresseur des torts ! Ta situation est presque désespérée, et tu veux l'aggraver encore en prenant fait et cause pour chaque infortuné que le hasard jette sur ton chemin !

— Plus nous chercherons à soulager de misères humaines, plus nous obtiendrons de bénédictions des bienheureux saints et de Notre-Dame des Lances Rompues, qui voit avec tant d'affliction toutes les espèces de souffrances et de calamités, sauf les accidens qui peuvent arriver en champ-clos. Mais, allons, brave Anglo-Saxon, réponds à ma demande aussi promptement que tu le pourras. Il y a dans ta physionomie quelque chose qui annonce la franchise aussi bien que le bon sens ; et c'est avec une entière confiance que je partirai avec toi pour me mettre à la recherche de ma chère comtesse, qui, une fois en liberté, nous sera d'un grand secours pour nous aider à la rendre à d'autres.

—En ce cas, dit le Varangien, partons pour chercher la comtesse; et si, après l'avoir délivrée, nous nous trouvons assez forts pour rendre la liberté à ce vieillard aveugle, ce ne seront ni ma lâcheté ni mon manque de compassion qui y mettront obstacle.

CHAPITRE XVII.

> Voyez-vous cette mine obscure et sulfureuse
> Où de l'ambition l'astuce industrieuse
> Du tonnerre endormi place les élémens
> Qui doivent éclater, mais mûris par le temps?
> Chose étrange ! l'Amour, d'une main obstinée,
> Prend sa petite torche, allume la traînée,
> Et le mineur surpris entend l'explosion.
> *Anonyme.*

Le même jour, vers midi, Agélastès eut un entretien avec Achillès Tatius, commandant de la garde varangienne, dans les ruines du temple égyptien où avait eu lieu l'entrevue d'Hereward avec le philosophe, que nous avons rapportée plus haut. Chacun d'eux paraissait d'une humeur très-différente. Tatius était sombre, mélancolique et abattu, tandis que le sage conservait l'indifférence calme qui lui avait valu, et en quelque sorte mérité, le surnom d'Éléphant.

— Tu hésites, Achillès Tatius, dit le philosophe,

à présent que tu t'es exposé à tous les dangers qui se trouvaient entre toi et la grandeur. Tu es comme l'enfant insensé qui ouvrit l'écluse pour livrer passage à l'eau vers la roue du moulin, et qui, au lieu d'en faire l'usage convenable, fut saisi de frayeur quand il vit le mécanisme en mouvement.

— Tu es injuste à mon égard, Agélastès, répondit l'Acolouthos, souverainement injuste. Je ne suis que comme le marin, qui, quoique déterminé à partir, ne peut s'empêcher de jeter un regard de tristesse sur la rive qu'il va quitter, peut-être pour ne jamais la revoir.

— Tu peux avoir raison de penser ainsi; mais pardonne-moi, vaillant Tatius, si je te dis qu'il aurait fallu faire ces réflexions plus tôt. Le petit-fils d'Alguric-le-Hun aurait dû calculer les chances et les conséquences avant d'étendre la main vers le diadème de son maître.

— Chut! pour l'amour du ciel! s'écria Tatius en regardant autour de lui; tu sais que c'est un secret qui ne doit être connu que de nous deux; car si Nicéphore, le césar, venait à l'apprendre, où en serions-nous, nous et notre conspiration?

— Nos corps seraient probablement sur le gibet; nos ames en seraient séparées, et seraient en route pour découvrir des secrets que tu as jusqu'à présent soigneusement cachés.

— Eh bien! la connaissance de cette possibilité ne doit-elle pas nous rendre prudens?

— Prudens comme des hommes, si tu le veux, mais non pas timides comme des enfans.

— Les murs peuvent entendre, dit Achillès, en

baissant la voix. J'ai lu que Denis-le-Tyran avait une oreille (1) qui lui faisait connaître tous les secrets dont on parlait dans sa prison d'état à Syracuse.

— Et cette oreille est encore à Syracuse. Dis-moi, mon très-simple ami, crains-tu qu'elle n'ait été transportée ici en une seule nuit, comme les Latins le disent de la chapelle de Notre-Dame à Lorette?

— Non ; mais dans une affaire si importante on ne peut prendre trop de précautions.

— Eh bien ! toi le plus circonspect des candidats à l'empire, toi le plus flegmatique des chefs militaires, apprends que le césar, supposant, je crois, qu'il est impossible que le sceptre tombe en d'autres mains que les siennes, s'est mis dans la tête de penser qu'il succédera naturellement à Alexis, quand le moment de nommer un nouvel empereur sera arrivé. En conséquence, comme on prend ordinairement peu de soin pour amener un événement qui semble dans l'ordre naturel des choses, il nous a confié à tous deux ses intérêts dans une affaire si importante, et le fou voluptueux a perdu la tête.—Pour qui, selon vous ? — Pour un être qui tient le milieu entre l'homme et la femme.—Femme dans ses traits, dans ses membres, dans une partie de ses vêtemens.

— Mais, par saint George, homme et très-homme dans le reste de son costume, dans ses goûts et dans sa manière d'être.

---

(1) On donnait ce nom à une prison que Denys-le-Tyran avait fait construire d'après de tels principes d'acoustique, que d'un appartement de son palais il pouvait entendre tout ce qui s'y disait. Ce fait n'est pas bien constaté. (*Note du traducteur.*)

—Tu veux parler de l'amazone, femme de ce Franc à main de fer, qui mit en pièces la nuit dernière le lion d'or de Salomon d'un seul coup de poing. Par saint George! la moindre chose qui puisse résulter d'un tel amour sont des os brisés.

— Cela n'est pas tout-à-fait aussi invraisemblable que de voir l'oreille de Denys venir de Syracuse ici en une seule nuit. Mais les succès que la prétendue beauté du césar lui a fait obtenir auprès des dames grecques, lui a inspiré de la présomption.

— Et je suppose que cette présomption l'a empêché d'attribuer ses succès à son rang de césar, et à la perspective qu'il a de devenir empereur.

— En attendant, je lui ai promis de lui procurer une entrevue avec sa Bradamante, qui répondra peut-être à ses tendres épithètes de *Zoé kai Psuché* (1) en établissant un divorce entre son ame amoureuse et sa personne sans égale.

— Cependant, je présume que tu as obtenu les ordres que le césar peut donner pour faire réussir notre complot?

— Assurément; c'est une occasion qu'il ne faut pas perdre. Cet accès d'amour ou de folie l'a aveuglé, et sans exciter trop d'attention sur la marche de notre complot, sans nous exposer aux remarques de la malveillance, nous pouvons nous en servir pour mener à bien notre entreprise. Je sens que cette conduite ne convient pas tout-à-fait à mon âge et à mon caractère; mais mon but étant de transformer en empereur un digne Acolouthos, je ne rougis pas de

(1) Ma vie et mon âme. (*Note du traducteur.*)

ménager une entrevue amoureuse que le césar, comme on l'appelle, désire si vivement. — Cependant quel succès as-tu obtenu près des Varangiens, qui, quant aux moyens d'exécution, sont le bras droit de notre entreprise?

— Pas tout-à-fait autant de succès que je l'aurais désiré. Je me suis pourtant assuré d'une soixantaine de ceux que j'ai trouvés les plus maniables; et je ne doute pas que, le césar une fois mis de côté, leur cri universel ne soit Achillès Tatius.

— Et le brave qui a assisté à nos lectures? — Cet Édouard, comme Alexis l'appelle?

— Je n'ai fait aucune impression sur lui, et j'en suis fâché, car c'est un homme que ses camarades estiment, et dont ils suivraient volontiers l'exemple. Cependant je l'ai placé comme garde supplémentaire auprès de la personne de ce comte de Paris à tête de fer; et comme ils ont tous deux une rage invétérée de se battre, il le tuera probablement. Si les croisés considèrent ensuite sa mort comme une cause de guerre, nous n'aurons besoin que de leur livrer le Varangien, en représentant cette catastrophe comme l'effet d'une haine personnelle. Tout cela étant préparé d'avance, quand et comment agirons-nous à l'égard d'Alexis?

—Sur ce point, il faut consulter le césar. Quoique le bonheur auquel il s'attend aujourd'hui n'ait rien de plus certain que l'élévation qu'il espère pour demain, et quoique son esprit soit beaucoup plus occupé des moyens de réussir auprès de cette comtesse que de sa promotion à l'empire, il doit néanmoins être traité comme le chef de l'entreprise conçue pour accélérer le moment où il compte porter la couronne. Mais, pour vous dire ce que je pense, vaillant Tatius, je crois que demain sera le dernier jour qu'Alexis tiendra les rênes de l'empire.

—Donne-m'en la certitude aussitôt que tu le pourras, afin que j'avertisse nos confédérés, qui doivent préparer l'insurrection des citoyens, et ceux des Immortels qui s'entendent avec nous, et qui sont prêts à agir, et surtout pour que je puisse disperser dans des postes éloignés ceux des Varangiens sur lesquels je ne puis compter.

— Repose-toi sur moi, dit Agélastès, tu auras les instructions les plus exactes dès que j'aurai vu Nicéphore Brienne. Un mot de plus : de quelle manière disposera-t-on de la femme de César ?

—On la placera, reprit l'Acolouthos, dans quelque endroit où je n'aurai plus à craindre d'être obligé d'écouter son histoire. Sans ses lectures, que je redoute plus que la peste, j'aurais assez de bonté d'ame pour me charger moi-même de son destin, et lui apprendre quelle différence il y a entre un véritable empereur et ce Brienne, qui a une si haute opinion de lui-même. A ces mots, ils se séparèrent, Tatius ayant l'air beaucoup plus triomphant et les manières plus assurées que lorsqu'il était arrivé.

Agélastès le suivit des yeux avec un sourire méprisant. — Voilà, dit-il, un fou dont le manque de bon sens l'empêche de voir la torche qui ne peut manquer de le consumer. Un misérable qui n'a reçu qu'une demi-éducation, qui ne sait prendre que des demi-mesures, qui ne réfléchit et qui n'ose qu'à demi, dont les plus pauvres pensées, — et celles qui méritent ce nom doivent être en vérité bien pauvres, — ne sont pas le produit de son propre cerveau. Il se flatte de tromper l'impétueux, le hautain, l'orgueilleux Nicéphore Brienne ! S'il le fait, ce ne sera point par sa politique, encore moins par sa valeur. Anne Comnène, l'ame du génie, ne sera pas enchaînée à une souche aussi stupide que ce demi-barbare.—Non! elle aura un époux de pure extraction grecque, et possédant les trésors des sciences qu'on étudiait quand Rome était grande, et la Grèce illustre. Et ce ne sera pas le moindre charme du trône impérial, d'être partagé avec une épouse à qui ses études personnelles auront appris à apprécier et à estimer le mérite de l'empereur. Il fit un pas ou deux d'un air de fierté, et ajouta ensuite, d'un ton plus bas, comme frappé d'un remords de conscience : — Mais si Anne est destinée à être impératrice, il s'ensuit naturellement que la mort d'Alexis devient nécessaire. On ne peut compter sur son consentement. Et qu'importe ? La mort d'un homme ordinaire devient indifférente, quand elle place sur le trône un philosophe et une historienne. A quelle époque les maîtres de l'empire ont-ils cherché à savoir quand et de quelle manière leurs prédécesseurs étaient morts ? — Diogène ! holà, Diogène ! L'esclave ne vint pas sur-le-champ, et Agélastès, entièrement livré à la jouissance anticipée de sa grandeur, eut le temps d'ajouter quelques mots. — Folie ! Je dois avoir un long compte à régler avec le ciel, disent les prêtres ; eh bien, ce sera un article de plus. La mort d'Alexis peut avoir lieu de vingt manières sans que j'en supporte le blâme. Le sang que nous aurons versé pourra tacher notre main, si on la regarde de bien près, mais il ne teindra pas notre front. Diogène entra en ce moment. — Eh bien, la dame française a-t-elle été amenée ici?

L'esclave fit un signe affirmatif.

— Comment a-t-elle supporté cette translation?

— Assez bien, en apprenant que c'était par votre ordre. Sa séparation d'avec son mari et sa détention dans le palais l'avaient courroucée, et elle s'était portée à quelques actes de violence contre les esclaves, dont on disait que plusieurs avaient été tués, quoique nous devions peut-être croire qu'ils n'ont été que cruellement effrayés. Elle m'a reconnu sur-le-champ, et quand je lui ai dit que je venais lui offrir une retraite chez vous pour un jour, jusqu'à ce que vous ayez pu obtenir la délivrance de son mari, elle a consenti sur-le-champ à me suivre, et je l'ai conduite dans vos jardins secrets de Cythère.

— Admirablement exécuté, mon fidèle Diogène; tu es comme les génies soumis aux talismans orientaux; je n'ai qu'à te faire connaître ma volonté, et elle est accomplie.

Diogène salua profondément, et se retira.

— Souviens-toi pourtant, esclave, dit Agélastès se parlant à lui-même, qu'il y a du danger à être trop instruit. — Si jamais le voile qui couvre mon caractère venait à être soulevé, un trop grand nombre de mes secrets sont au pouvoir de Diogène.

En ce moment, un coup, répété trois fois, fut frappé sur une des statues renversées, qui avait été construite de manière à rendre un son retentissant; ce qui, du moins à cet égard, justifiait l'épithète de vocale qu'on lui avait donnée. Cet incident interrompit son monologue.

— C'est un de nos alliés qui frappe ainsi, dit-il; qui peut venir si tard? Il toucha de son bâton la statue d'Isis, et le césar Nicéphore Brienne entra en grand costume grec, costume charmant, qu'il avait pris les plus grandes peines pour arranger de manière à faire ressortir les grâces de sa personne.

— Qu'il me soit permis d'espérer, dit Agélastès en recevant le césar d'un air grave et réservé, du moins en apparence, que Votre Altesse vient m'annoncer qu'après de mûres réflexions elle a changé de dessein, et que quelle que soit la nature de la conférence qu'elle désire avoir avec cette dame française, elle pourra du moins la retarder jusqu'à ce que le point capital de notre conspiration ait réussi.

— Non, philosophe, répondit le césar, non; ma résolution, une fois prise, n'est pas le jouet des circonstances. Crois-moi, je n'ai pas accompli tant de travaux, sans être prêt à en entreprendre d'autres. Les faveurs de Vénus sont la récompense des exploits de Mars, et je crois que je ne prendrais pas la peine de me consacrer au dieu des armes, avec les fatigues et les dangers auxquels son culte expose, si je n'avais auparavant obtenu la couronne de myrte qui doit parer le front de l'amant heureux d'une belle maîtresse.

— Je vous demande pardon de ma hardiesse; mais Votre Altesse impériale a-t-elle réfléchi qu'elle joue, avec la témérité la plus imprudente, un empire, sa propre vie, la mienne, celle de tous les amis qui ont pris part à un projet si hardi? Et pourquoi courez-vous un tel risque? Pour obtenir les bonnes grâces très-précaires d'une personne dont la nature tient également du démon et de la femme, et qui, quelle qu'elle soit, doit probablement devenir funeste à nos projets, soit par affection, soit par ressentiment. Si elle est ce que vous désirez qu'elle soit, elle voudra garder son amant à son côté, et lui épargner le risque de s'engager dans une conspiration dangereuse ; et si elle reste ce que le monde la croit, c'est-à-dire constante à son mari et fidèle aux sermens qu'elle a prononcés au pied de l'autel, vous pouvez juger combien elle sera offensée quand vous lui répéterez la déclaration qu'elle a déjà si mal accueillie.

— Allons, vieillard ! tu commences à radoter, et au milieu des grandes connaissances que tu possèdes sur tant d'autres choses, tu as oublié celle qui est la plus précieuse, — la connaissance de la plus belle partie de la création. — Songe à l'impression que doit faire un amant dont le rang n'est certainement pas ignoble, et dont l'extérieur n'a rien de désagréable, sur une femme qui doit craindre les suites d'un refus. — Allons, Agélastès, fais-moi grâce de ton croassement ; il est d'aussi mauvais augure que celui de la corneille perchée sur un chêne creux du côté gauche ; mais déclame aussi bien que tu le pourras pour prouver qu'un cœur timide n'a jamais réussi près d'une belle dame, et que celui qui mérite le mieux l'empire est celui qui sait entrelacer les myrtes de Vénus avec les lauriers de Mars. — Allons, ouvre-moi la porte secrète qui joint ces ruines magiques à des bosquets qui ressemblent à ceux de Cythère et de Naxos.

— Il faut faire ce que vous voulez, dit le philosophe en poussant un profond soupir un peu affecté.

— Holà, Diogène ! s'écria tout haut le césar. Quand tu es évoqué, l'esprit du mal n'est pas bien loin. — Allons, mon brave nègre, ouvre-moi l'entrée secrète. Le diable n'est pas assez loin pour ne pas répondre au premier bruit que feront les pierres.

Le nègre jeta d'abord un regard sur son maître, qui lui fit signe d'obéir au césar. Diogène s'approcha alors d'un endroit du mur en ruines qui était couvert de quelques arbustes grimpans qu'il écarta avec soin. Il découvrit ainsi une petite porte irrégulièrement fermée, et bouchée, dans toute sa hauteur, par de grandes pierres carrées. L'esclave les retira les unes après les autres, et les empila à côté comme pour les replacer ensuite. — Je te charge du soin de garder cette porte, lui dit Agélastès, et que personne n'y passe sans faire le signal convenu, au péril de ta vie. Il serait dangereux que cette porte restât ouverte à cette heure du jour.

L'obéissant Diogène porta la main à son sabre et à sa tête, signe par lequel les esclaves répondaient ordinairement aux ordres de leur maître, pour indiquer qu'ils seraient fidèles jusqu'à la mort. Alors Diogène alluma une petite lanterne, prit une clef, ouvrit une porte intérieure en bois et se disposa à entrer.

— Halte-là, l'ami Diogène ! dit le césar : tu n'as pas besoin de ta lanterne pour distinguer un honnête homme, et si tu en cherches un, il faut que je dise que tu ne t'adresses pas au bon endroit. Attache ces arbustes grimpans devant l'entrée, et reste là, comme tu en as déjà reçu l'ordre, jusqu'à notre retour, afin de déjouer la curiosité de quiconque pourrait être attiré par la vue de cette porte secrète.

Le nègre donna la lampe au césar, et se retira. Agélastès suivit Nicéphore dans un passage long, étroit et voûté, dans lequel des ouvertures étaient pratiquées de distance en distance pour y laisser pénétrer l'air.

— Je n'entrerai pas avec vous dans les jardins ou bosquets de Cythère, dit Agélastès : je suis trop vieux pour brûler de l'encens sur cet autel. Je crois d'ailleurs que Votre Altesse impériale connaît parfaitement la route, l'ayant déjà faite plusieurs fois, et, si je ne me trompe, pour les plus belles raisons.

— Je n'en dois que plus de remerciemens à mon digne ami Agélastès, répondit le césar, puisqu'il oublie son âge pour rendre service à ses jeunes amis.

CHAPITRE XVIII.

Il faut maintenant que nous retournions dans les cachots du palais de Blaquernal, où les circonstances avaient formé une union, du moins temporaire, entre le vigoureux Varangien et le comte Robert de Paris. Leur caractère offrait plus de ressemblance qu'aucun d'eux n'aurait probablement voulu en convenir. Les vertus du Varangien, simples et primitives, étaient celles que la nature elle-même inspire à un homme brave qui pendant toute sa vie n'a jamais connu la crainte, et a toujours été prêt à braver tous les dangers. Le comte, de son côté, avait la bravoure, la générosité, l'enthousiasme du soldat, et les qualités, en partie réelles et en partie de convention, que les hommes de son rang et de son pays puisaient dans l'esprit de la chevalerie. On aurait pu comparer le premier au diamant sortant de la mine avant d'avoir été travaillé par la main de l'ouvrier; le second à la pierre richement ornée, qui, taillée en facettes, et artistement enchâssée, a peut-être perdu quelque chose de sa première substance, et cependant, aux yeux d'un connaisseur, a plus d'éclat et de splendeur que lorsqu'elle était, en termes de lapidaire, *en brut*. Dans ce dernier cas, la valeur était plus artificielle, dans l'autre elle était plus naturelle et plus véritable. Le hasard donc avait réuni momentanément dans le même intérêt deux hommes dont les caractères presque semblables quant au fond, avaient été modifiés par l'influence d'une éducation qui leur avait laissé de violens préjugés à tous deux, préjugés qui, en se trouvant en contact, pouvaient produire une explosion. Le Varangien entra en conversation avec le comte sur un ton de familiarité qui allait presque à son insu jusqu'à la grossièreté, et il lui dit, quoique très-innocemment, bien des choses qui pouvaient être mal prises par son nouveau frère d'armes. Cependant, ce qui pouvait blesser le plus dans ses manières, c'était un manque total d'égards pour le titre que portaient ceux à qui il parlait, suivant en cela l'usage des Saxons, de qui il descendait; cette omission devait être au moins aussi désagréable aux Français qu'aux Normands, car ils tenaient déjà fortement aux priviléges du système féodal, aux momeries de l'art héraldique, et aux distinctions que les chevaliers réclamaient, comme appartenant exclusivement à leur ordre.

Hereward, il faut en convenir, était porté à s'inquiéter peu de ces distinctions, et, en même temps, il avait tout au moins un certain penchant à se faire une haute idée du pouvoir et de la richesse de l'empire grec qu'il servait, et du respect qu'il devait au rang d'Alexis Comnène, respect qu'il était également disposé à accorder aux officiers grecs qui, sous les ordres de l'empereur, commandaient le corps des

Varangiens, et notamment à Achillès Tatius. Hereward savait que ce dernier était un lâche, et il le soupçonnait d'être un homme sans principes. Cependant l'Acolouthos était toujours le dispensateur des faveurs impériales accordées aux Varangiens en général, et à Hereward lui-même, et il avait toujours la politique de représenter ces faveurs comme étant la suite plus ou moins directe de son intercession. On supposait qu'il épousait avec chaleur la cause des Varangiens dans toutes leurs querelles avec les autres corps. Il était généreux et libéral, donnait à chaque soldat ce qui lui était dû, et, sauf le courage, qui n'était pas son fort, il aurait été difficile à ces étrangers de demander un chef qui leur plût davantage. D'ailleurs, notre ami Hereward était admis dans sa société ; il le suivait, comme nous l'avons vu, dans des expéditions secrètes, et par conséquent il partageait l'affection servile qu'avaient conçue pour ce nouvel Achille la plupart de ces myrmidons.

Cet attachement pour leur commandant était aussi vif qu'il pouvait l'être pour un homme qu'ils ne pouvaient ni honorer ni estimer. Dans le projet formé par Hereward de rendre la liberté au comte de Paris, il entrait autant de fidélité pour l'empereur et son représentant l'Acolouthos, que pouvait en comporter le désir de rendre justice au Franc persécuté.

Pour exécuter ce plan, il fit sortir le comte Robert des cachots souterrains du palais de Blaquernal, dont il connaissait parfaitement tous les détours, Tatius l'y ayant souvent placé en sentinelle depuis quelque temps, dans la vue de lui faire acquérir une expérience dont il se promettait de tirer parti lorsque la conspiration éclaterait. Quand ils furent en plein air, et à quelque distance des tours sombres du palais, il demanda tout à coup au comte s'il connaissait le philosophe Agélastès; le comte lui répondit négativement.

— Prenez garde, sire chevalier; vous vous nuisez à vous-même en cherchant à m'en imposer. Vous devez le connaître, car je vous ai vu dîner chez lui hier.

— Ah! tu parles de ce savant vieillard? Je ne sais rien de lui qui doive me faire désirer d'avouer ou de nier que je le connais, devant toi ou devant tout autre. C'est un homme ingénieux, moitié héraut, moitié ménestrel.

— Moitié pourvoyeur des plaisirs du prince, et scélérat tout-à-fait. Sous le masque d'une bonne humeur apparente, il cache l'encouragement qu'il donne aux vices des autres; à l'aide du jargon spécieux de la philosophie, il a secoué toute croyance religieuse et tout principe de morale; et avec l'air de la fidélité, il réussira, si l'on n'y met pas obstacle à temps, à priver du trône et de la vie son maître trop confiant, ou, s'il n'y peut parvenir, il conduira ses insensés complices à la misère et à la mort.

— Et toi qui sais tout cela, tu souffres que cet homme marche tranquillement à son but?

— Un instant de patience! Je ne puis encore former aucun projet qu'Agélastès ne soit en état de contreminer. Mais le temps viendra, il n'est pas même bien éloigné, où l'empereur sera forcé de donner son attention à la conduite de cet homme; et alors, que le philosophe se tienne bien, ou, par saint Dunstan, le Barbare le renversera! Je voudrais seulement arracher de ses griffes un ami insensé qui a prêté l'oreille à ses pernicieux conseils.

— Mais qu'ai-je de commun avec cet homme et ses complots?

— Beaucoup plus que vous ne le pensez. Le principal soutien de sa conspiration n'est autre que le césar lui-même, qui devrait être le plus fidèle sujet de l'empereur. Mais depuis qu'Alexis a nommé un Sébastocrator, officier d'un rang au-dessus du césar, et plus voisin du trône, Nicéphore Brienne a été mécontent et courroucé, quoiqu'il soit plus difficile de dire depuis quel temps il a trempé dans les complots de l'astucieux Agélastès. Ce que je sais, c'est que, depuis plusieurs mois, le philosophe a nourri libéralement, comme sa richesse le lui permet, les vices et la prodigalité du césar. Il l'a encouragé à manquer d'égards pour son épouse, quoiqu'elle soit fille de l'empereur, et il a semé la zizanie entre lui et la famille impériale. Et si Brienne n'a plus la réputation d'un homme raisonnable, s'il a perdu le renom d'un chef brave, il s'en est dépouillé lui-même en suivant les avis de ce sycophante artificieux.

— Et que m'importe tout cela? Que m'importe qu'Agélastès soit sujet fidèle, ou esclave des circonstances? Ni moi ni les miens nous n'avons de relations assez intimes avec son maître, Alexis Comnène, pour que je me mêle des intrigues de sa cour.

— Vous pouvez vous tromper en cela, si ces intrigues compromettent le bonheur et la vertu de...

— Mort de mille martyrs! s'écria le comte, de misérables intrigues d'esclaves peuvent-elles impliquer l'ombre d'un soupçon contre la noble comtesse de Paris? Les sermens de toute ta race ne suffiraient pas pour prouver qu'un seul de ses cheveux ait changé de couleur !

A merveille, vaillant chevalier! Vous êtes un mari tel qu'il en faut pour l'atmosphère de Constantinople, qui exige peu de vigilance et une croyance ferme. Vous trouverez dans cette cour beaucoup de gens de votre avis.

— Écoute, l'ami; ne parlons pas davantage, et n'allons pas plus loin que le coin le plus solitaire de cette étrange ville ; nous y finirons l'œuvre que nous avons interrompue tout à l'heure.

— Quand vous seriez un duc, sire comte, vous ne pourriez appeler au combat un homme qui y soit plus disposé. Réfléchissez cependant que les chances ne sont pas égales. Si je succombe, je ne laisse personne pour me regretter. Mais ma mort rendra-t-elle la liberté à votre femme, si elle est détenue? réparera-t-elle son honneur, s'il a été terni? fera-t-elle autre chose que de faire sortir de ce monde le seul individu qui soit disposé à vous aider, et qui espère vous réunir à votre femme, et vous replacer à la tête de vos soldats?

— J'ai eu tort, dit le comte de Paris ; j'ai eu grand tort. Mais prends garde, mon brave ami, d'accoupler le nom Brenhilda d'Aspramont au mot déshonneur : et au lieu de ces propos odieux, dis-moi où nous allons maintenant.

— Aux jardins de Cythère d'Agélastès, et nous n'en sommes pas bien loin. Cependant il y a un chemin plus court pour s'y rendre, sans quoi je ne saurais comment expliquer le court espace de temps qu'il lui faut pour aller jouir des charmes de ses jardins en quittant les sombres ruines du palais d'Isis et le palais impérial de Blanquernal.

— Et pourquoi, et depuis quand crois-tu que la comtesse soit détenue dans ces jardins ?

—Depuis hier. Je surveillais attentivement le césar et votre épouse, et plusieurs de mes camarades en faisaient autant, à ma prière. Nous remarquâmes des signes évidens d'admiration dans Nicéphore, et ce qui nous parut des indices de courroux dans la comtesse; et j'en conclus qu'il était probable qu'Agélastès, étant l'ami du césar, favoriserait ses projets, suivant son usage, en vous séparant tous deux de l'armée des croisés, afin que votre épouse, comme plus d'une matrone avant elle, pût avoir le plaisir de résider dans les jardins de ce digne philosophe, tandis que vous habiteriez à jamais les cachots du palais de Blaquernal.

— Misérable ! Pourquoi ne m'en pas avoir averti hier ?

— Effectivement, il est fort probable que je me serais permis de sortir des rangs pour aller donner cet avis à un homme que je regardais alors, non comme ami, mais comme un ennemi personnel ! Il me semble qu'au lieu de tenir un pareil langage, vous devriez remercier le ciel du hasard et des circonstances qui m'ont amené pour vous secourir et vous aider.

Le comte Robert sentait la vérité de ce que disait Hereward, quoiqu'en même temps son caractère fougueux désirât, suivant sa coutume, faire tomber sa vengeance sur l'individu qui était le plus à sa portée.

Mais ils arrivaient en ce moment à ce que les citoyens de Constantinople appelaient les Jardins du Philosophe. Hereward espérait en obtenir l'entrée, car, depuis sa première entrevue avec Agélastès dans les ruines du temple d'Isis, il avait appris, du moins en partie, quels étaient les signaux particuliers convenus entre le sage et Achillès. A la vérité ils ne lui avaient pas confié tous leurs secrets, mais, par suite de ses liaisons avec l'Acolouthos, ils n'avaient pas cherché à lui cacher certaines choses qui, une fois connues d'un homme doué par la nature d'autant de bon sens et de pénétration que l'Anglo-Saxon, ne pouvaient manquer de lui tout apprendre avec le temps. — Le comte Robert et son compagnon s'arrêtèrent devant une porte cintrée, seule ouverture qui existât dans une très haute muraille, et le Varangien allait y frapper quand il s'écria, comme inspiré d'une idée subite :

— Et si c'est ce misérable Diogène qui nous ouvre la porte ? il faut que nous le tuions, avant qu'il puisse s'enfuir et nous trahir. Ma foi, c'est une nécessité, et d'ailleurs le scélérat a mérité la mort par cent crimes horribles.

— Tue-le donc toi-même ; sa condition se rapproche plus de la tienne ; et assurément je ne souillerai pas le nom de Charlemagne du sang d'un esclave noir.

— Merci de Dieu ! reprit le Saxon ; il faut pourtant que vous preniez part à l'action, s'il lui vient du secours et que je sois accablé par le nombre.

— Le nombre rendra l'action plus semblable à une mêlée ou à une bataille générale ; et sois bien sûr que je ne resterai pas les bras croisés quand je pourrai m'en servir honorablement.

— Je n'en doute pas, mais cette distinction me paraît fort étrange ; comme si, avant qu'il soit permis à un homme de se défendre contre un ennemi, ou de l'attaquer, il fallait lui demander le rang de ses ancêtres !

— Ne crains rien à cet égard. Les règles de la chevalerie sont telles que je viens de l'établir; mais quand la question est de savoir si l'on combattra ou non, il y a une grande latitude pour la décider affirmativement.

— Frappons donc en exorciste, dit Hereward, et voyons quel sera le démon qui nous répondra.

A ces mots, il frappa d'une manière particulière, et la porte s'ouvrit en dedans. Une négresse naine s'y montra ; ses cheveux blancs faisaient un contraste singulier avec la noirceur de sa peau et avec le sourire sardonique particulier à ces esclaves. Elle avait dans la physionomie une expression qui, sévèrement interprétée, aurait paru annoncer un malin plaisir à voir les souffrances humaines.

— Agélastès est-il... Mais le Varangien n'avait pas fini la phrase qu'elle lui répondit en lui montrant une avenue ombragée.

L'Anglo-Saxon et le Franc prirent le chemin qu'elle indiquait, tandis que la sorcière disait, ou plutôt murmurait indistinctement : — Vous êtes un des initiés, Varangien ; mais prenez garde qui vous amenez avec vous, lorsqu'il peut se faire que vous ne soyez pas le bienvenu, quand même vous arriveriez seul.

Hereward lui fit signe qu'il l'avait entendue, et en un instant ils furent hors de la portée de sa vue. L'avenue où ils étaient décrivait divers détours dans un beau jardin oriental, où des groupes de fleurs, des arbrisseaux plantés en labyrinthe, et même les grands arbres de la forêt, rendaient le souffle du vent de midi frais et agréable.

— Il faut agir avec la plus grande prudence, dit Hereward en parlant à voix basse, car c'est très-probablement ici que la biche que nous cherchons a trouvé un refuge. Il vaut mieux que vous me laissiez marcher devant vous ; vous êtes trop agité pour avoir le sang-froid nécessaire à une vedette. Cachez-vous derrière ce chêne, et qu'un faux point d'honneur ne vous empêche pas de vous enfoncer sous les broussailles et même sous la terre, si vous entendez seulement le bruit d'un pied. — Si les amans sont d'accord, Agélastès fait vraisemblablement sa ronde pour empêcher l'arrivée de tout intrus.

— Mort et furies ! impossible ! s'écria l'impétueux Français.—Notre-Dame des Lances Rompues, prends ma vie, avant de permettre que je sois tourmenté d'une telle agonie.

Il reconnut pourtant la nécessité de s'imposer une forte contrainte, et il souffrit, sans autre remontrance, que le Varangien continuât son chemin, le suivant pourtant des yeux avec attention. En avançant lui-même un peu, il put voir Hereward s'approcher d'un pavillon qui n'était qu'à peu de distance de l'endroit où ils s'étaient séparés. Il remarqua qu'il appliqua d'abord les yeux, puis l'oreille à une des croisées, qui était en grande partie couverte et cachée par des arbustes en fleurs. Il crut même voir un air d'intérêt grave se peindre sur la physionomie du Varangien, et il lui tarda d'avoir sa part des informations qu'il avait sans doute obtenues.

Il s'avança donc sans bruit à travers le labyrinthe d'arbrisseaux qui avait couvert la marche d'Hereward, et ses mouvemens se firent dans un tel silence qu'il toucha l'Anglo-Saxon pour l'avertir qu'il était là avant que celui-ci s'en fût aperçu.

Hereward, ne sachant d'abord qui s'était approché ainsi, se retourna d'un air courroucé et menaçant. Mais reconnaissant son compagnon, il haussa ses épaules, comme par pitié d'une impatience qui n'avait pu être réprimée, et se retirant en arrière, il accorda au comte le privilége d'occuper une place d'où il pouvait voir, à travers les barreaux d'une jalousie, ce qui se passait dans l'intérieur du pavillon, sans qu'il courût risque d'être découvert. La lumière qui pénétrait dans ce lieu de plaisance était ce demi-jour convenable au genre de pensées qu'on supposait pouvoir être inspirées par un temple de Cythère. On y voyait aussi des portraits, des groupes, et des statues du genre de celles qui se trouvaient dans le kiosque de la cataracte, mais qui présentaient à l'esprit des images un peu plus libres que ces dernières. Un moment après, la porte du pavillon s'ouvrit, et la comtesse y entra avec sa suivante Agathe. Elle se jeta sur un sofa, et la suivante, qui était une jeune et jolie femme, se tint modestement en arrière, de sorte que le comte pouvait à peine l'apercevoir.

— Que penses-tu, demanda la comtesse à Agathe, d'un ami aussi suspect qu'Agélastès, et d'un aussi galant ennemi que ce césar, comme on l'appelle?

— Qu'en pourrais-je penser, répondit la suivante,

si ce n'est que ce que le vieillard appelle amitié est de la haine, et que ce que le césar nomme amour patriotique pour son pays, qui ne lui permet pas de mettre ses ennemis en liberté, est dans le fait une affection trop forte pour sa belle captive?

—Et il sera payé de cette affection, dit la comtesse, comme si c'était l'hostilité dont il voudrait lui donner l'apparence. — Mon noble et digne époux, si tu te faisais une idéee des calamités auxquelles je suis exposée, comme tu triompherais promptement de tous les obstacles pour accourir à mon secours!

—Es-tu homme? dit le comte Robert à son compagnon; peux-tu entendre de telles paroles, et me conseiller de rester en repos?

—Je suis un homme, répondit l'Anglo-Saxon; vous en êtes un autre; mais toute notre arithmétique n'en fera pas de nous plus de deux; et, en cet endroit, il est probable qu'un coup de sifflet du césar ou un cri d'Agélastès nous ferait tomber sur les bras un millier d'hommes, qui nous donneraient fort à faire, quand nous serions aussi hardis que Béris d'Hampton. — Restez tranquille et gardez le silence. Si je vous donne ce conseil, ce n'est point par crainte pour ma pauvre vie; j'ai prouvé que j'y attachais peu de prix, en commençant une entreprise si extravagante avec un si étrange compagnon: c'est par intérêt pour votre sûreté et pour celle de la comtesse votre épouse, qui prouve qu'elle est aussi vertueuse que belle.

—J'ai été trompée d'abord, reprit la comtesse Brenhilda s'adressant toujours à Agathe. Ce méchant vieillard, en affectant des mœurs sévères, une science profonde et une droiture austère, m'a fait croire qu'il était en partie tout ce qu'il prétendait être. Mais le vernis s'est usé depuis qu'il m'a laissé voir qu'il est ligué avec cet indigne césar, et l'affreux tableau n'inspire plus que le dégoût qu'il mérite. Mais si je puis, par supercherie ou par subtilité, tromper ce maître fourbe, comme il m'a privée en grande partie de toute autre espèce de secours, je ne me ferai pas scrupule de montrer une adresse qu'il trouvera peut-être égale à la sienne.

— Entendez-vous cela? dit le Varangien au comte de Paris; n'allez pas, par votre impatience, briser le fil des mesures prudentes de votre épouse. Je mettrais volontiers dans la balance l'esprit d'une femme contre la valeur d'un homme, quand il y a quelque chose à faire. N'offrons donc notre secours que lorsque le temps nous aura démontré qu'il est nécessaire à sa sûreté et à notre succès.

— Amen! répondit le comte de Paris. Mais n'espère pas, sire Saxon, me décider avec ta prudence à quitter ces jardins avant que je me sois complétement vengé de cet indigne césar et de ce prétendu philosophe, s'il est vrai que sa philosophie ne soit qu'un masque... Ici le comte commençait à élever la voix, et le Saxon, sans cérémonie, lui mit la main sur la bouche. — Tu prends bien de la liberté, dit le comte, mais cependant en baissant le ton.

— Oui, sans doute, dit Hereward. Quand la maison est en feu, je ne m'inquiète pas de savoir si l'eau que j'y jette est parfumée ou non.

Ces mots remirent sous les yeux du comte le tableau de sa situation; et, s'il ne fut pas content de la manière dont l'Anglo-Saxon venait de se justifier, du moins il garda le silence. On entendit du bruit à quelque distance; la comtesse écouta, et changea de couleur. — Agathe, dit-elle, nous sommes comme des champions dans la lice, et voici notre antagoniste qui avance. Retirons-nous dans cette autre salle, et retardons ainsi de quelques instans une rencontre si alarmante. A ces mots, elles passèrent toutes deux dans une chambre qui donnait dans le principal appartement, et dont la porte était derrière le sofa que Brenhilda avait occupé.

A peine étaient-elles sorties, que, comme on le dit dans les pièces de théâtre, le césar et Agélastès entrèrent du côté opposé. Ils avaient peut-être entendu les dernières paroles de Brenhilda, car le césar dit à voix basse :

Militat omnis amans, et habet sua castra Cupido.

—Quoi! notre belle ennemie s'est retirée à la tête de ses forces? N'importe! cela prouve qu'elle pense à la guerre, même quand l'ennemi n'est pas en présence. Eh bien! Agélastès, tu n'auras pas à me reprocher cette fois de vouloir emporter la place par un coup de main, et de me priver ainsi du plaisir de la forcer à capituler. De par le ciel! j'en ferai le siége avec autant de régularité que si je portais sur mes épaules tout le poids des années qui établissent une différence entre nous ; car j'ai de violens soupçons que c'est cet envieux coquin, le Temps, qui t'a ôté les ailes de Cupidon.

— Ne parlez pas ainsi, puissant césar, répondit le philosophe. C'est la main de la Providence qui, en retirant à l'aile de Cupidon quelques plumes superflues, lui en a laissé assez pour maintenir un vol ferme et soutenu.

— Ton vol était pourtant devenu moins assuré, Agélastès, quand tu t'avisas de rassembler cet arsenal, ce magasin d'armes de Cupidon, parmi lesquelles ton affection vient de me permettre de m'armer, ou plutôt de compléter mon équipement.

En parlant ainsi, le césar jeta un coup d'œil sur toute sa personne, resplendissante de pierres précieuses, et ornée d'une chaîne d'or, de bracelets, de bagues et d'autres joyaux, qui, joints aux riches vêtemens qu'il avait mis depuis son arrivée dans les jardins de Cythère, tendaient à faire valoir son bel extérieur.

—Je suis charmé, répondit Agélastès, que vous ayez trouvé parmi ces bagatelles, que je ne porte jamais à présent, et dont je faisais peu d'usage, même quand j'étais plus jeune, quelque chose qui puisse rehausser vos avantages naturels. Rappelez-vous seulement cette petite condition, que celles de ces babioles qui font partie de votre parure en ce grand jour ne peuvent plus rentrer en la possession d'un homme d'un rang bien inférieur, et qu'elles doivent continuer à appartenir à cette grandeur qu'elles ont une fois contribué à orner.

— C'est à quoi je ne puis consentir, mon digne ami, dit Nicéphore Brienne. Je sais que tu n'attaches à ces joyaux d'autre prix que celui qu'un philosophe doit y mettre, c'est-à-dire que tu ne les estimes que par le souvenir qu'ils rappellent. Ce grand anneau à cachet, par exemple, je t'ai entendu dire qu'il a appartenu à Socrate, et tu ne peux le regarder sans remercier le ciel de ce que ta philosophie n'a jamais été mise à l'épreuve par une Xantippe. Ces agrafes, dans un temps plus ancien, serreraient le sein de l'aimable Phryné, et elles appartiennent à présent à un homme qui saurait rendre hommage aux charmes qu'elles cachaient ou qu'elles découvraient, mieux que le cynique Diogène. Ces boucles...

—Je puis t'épargner cette dépense d'esprit, jeune homme, ou plutôt, noble césar, dit Agélastès : conserve-la précieusement; tu en auras grand besoin.

—Ne crains rien, reprit le césar, et occupons-nous maintenant à faire usage, puisque tu le veux ainsi, des dons que nous devons soit à la nature, soit à l'affection d'un cher et respectable ami. Ah! s'écria-t-il en voyant la porte s'ouvrir, et la comtesse entrer dans l'appartement, nos désirs sont prévenus.

Il salua la comtesse Brenhilda avec un air de profond respect. Elle avait fait quelques changemens à sa toilette, pour la rendre plus brillante.

—Salut, noble dame! dit le césar. Je viens vous rendre visite dans le dessein de m'excuser de vous retenir, jusqu'à un certain point, contre votre volonté, dans ces régions étranges où vous vous trouvez inopinément.

—Non pas jusqu'à un certain point, répondit la comtesse, mais tout-à-fait contre mon désir, qui est d'être réuni à mon époux, et aux hommes braves qui ont pris la croix sous sa bannière.

— Telles étaient sans doute vos pensées, quand vous avez quitté l'Occident, dit Agélastès. Mais, belle comtesse, n'ont-elles subi aucun changement?

Vous avez laissé un pays où le sang humain coule à la moindre provocation, et vous êtes arrivée dans une contrée où la principale maxime est de chercher à reculer les bornes de la félicité humaine par tous les moyens qu'on peut imaginer. Dans votre Occident, l'être qu'on respecte davantage est celui qui sait le mieux exercer sa force tyrannique en rendant les autres misérables; dans cet empire plus pacifique, nous réservons nos guirlandes pour l'ingénieux jeune homme ou l'aimable dame qui sait le mieux faire le bonheur de la personne qui lui a donné son affection.

— Mais, révérend philosophe, dit la comtesse, vous qui travaillez avec tant d'art à recommander le joug du plaisir, savez-vous bien que vous confondez toutes les idées qui m'ont été données depuis mon enfance? Dans le pays où j'ai été élevée, nous sommes si loin d'adopter vos maximes, que nous ne nous marions que comme le lion et la lionne; c'est-à-dire, lorsque l'homme a forcé la femme à reconnaître la supériorité de son mérite et de sa valeur. C'est si bien notre règle, qu'une damoiselle, même d'un rang inférieur, croirait se dégrader, si elle épousait un amant qui n'aurait pas encore obtenu de renom par ses hauts faits.

— Mais, noble dame, dit le césar, un homme qui se meurt peut encore conserver quelque faible espérance. S'il y avait quelque chance qu'un haut renom militaire pût gagner cette affection qui a été dérobée plutôt que volontairement accordée, combien de gens entreraient avec empressement dans la lice pour obtenir un si beau prix! Quelle serait l'aventure trop hardie pour qu'on ne brûlât pas de l'entreprendre à une telle condition? Quel est celui dont le cœur ne sentirait que tirer son épée du fourreau pour remporter un tel prix, ce serait faire le vœu de ne jamais l'y faire rentrer avant de pouvoir se dire avec fierté : Ce que je n'ai pas encore obtenu, je l'ai mérité.

— Vous voyez, belle dame, dit Agélastès, qui, croyant que les dernières paroles de Nicéphore avaient fait quelque impression sur la comtesse, se hâta de renchérir sur ce qu'il avait dit; vous voyez que le feu de la chevalerie brûle dans le sein des Grecs aussi vivement que dans celui des nations occidentales.

— Oui, répondit Brenhilda, et j'ai entendu parler du fameux siége de Troie, et du lâche coquin qui, ayant enlevé l'épouse d'un brave guerrier, évita toute occasion de se rencontrer avec le mari qu'il avait offensé, fut enfin la cause de la mort de tous ses frères, de la destruction de sa ville natale, et de la perte de toutes les richesses qu'elle contenait, et qui mourut lui-même de la mort d'un misérable poltron, et ne fut regretté que de son indigne maîtresse. Ce trait prouve combien vos ancêtres connaissaient les règles de la chevalerie.

— Vous vous méprenez, noble comtesse, dit le césar; le coupable Pâris était un Asiatique efféminé, et ce fut le courage des Grecs qui le punit.

— Vous êtes savant, monsieur, répondit Brenhilda; mais ne vous imaginez pas que je vous en croie sur parole avant que vous m'ayez fait voir un chevalier grec assez brave pour regarder sans trembler le cimier du casque de mon mari.

— Il me semble que ce ne serait pas une chose très-difficile, répliqua Nicéphore Brienne. Si l'on ne m'a pas flatté, on me regarde moi-même comme en état de faire face à des hommes beaucoup plus dangereux que celui qui se trouve d'une manière si étrange l'époux de la comtesse Brenhilda.

— C'est une épreuve qui sera bientôt faite, dit la comtesse. Je crois que vous aurez peine à nier que mon époux, dont j'ai été séparée par quelque indigne artifice, ne soit encore en votre pouvoir, et que vous ne puissiez le faire paraître quand bon vous semblera. Je ne demande d'autre armure pour lui que celle qu'il porte, d'autres armes que son sabre Tranchefer. Alors placez-le dans cette chambre, ou dans telle autre lice également étroite, et s'il recule d'un pas, s'il demande quartier, ou s'il périt sous son bouclier, que Brenhilda soit le prix du vainqueur ! — Ciel miséricordieux ! ajouta-t-elle, pardonne-moi de supposer possible une telle issue du combat; c'est presque douter de tes jugemens infaillibles !

— En attendant, reprit le césar, permettez-moi de relever ces précieuses paroles avant qu'elles ne tombent à terre. — Permettez-moi d'espérer que celui à qui le ciel donnera la force et le pouvoir de vaincre ce renommé comte de Paris lui succédera dans l'affection de Brenhilda; et, croyez-moi, le soleil ne se précipite pas du ciel vers son lieu de repos avec autant de célérité que j'en mettrai à me présenter à cette rencontre.

— De par le ciel ! dit le comte Robert à Hereward à voix basse, mais avec force, c'est trop exiger de moi que de vouloir que j'écoute tranquillement un misérable Grec, qui n'entendrait pas sans crainte le bruit que fait Tranchefer en prenant congé de son fourreau, me braver en ma présence, et faire l'amour à ma femme! Et Brenhilda! il me semble qu'elle laisse prendre plus de licence qu'elle ne le devrait à ce freluquet bavard. De par la croix! j'entrerai dans cet appartement, et je répondrai à ce fanfaron de manière à ce qu'il s'en souvienne.

— Sauf votre bon plaisir, dit le Varangien, qui entendait seul ce discours prononcé avec violence, vous vous laisserez gouverner par la froide raison tant que je serai avec vous. Quand nous serons séparés, que le diable de la chevalerie errante, qui a pris possession de vous, vous prenne sur ses épaules et vous emporte où bon lui semblera!

— Tu es une brute, dit le comte en le regardant avec un air de mépris conforme à l'expression qu'il employait; une brute non-seulement sans humanité, mais dépourvue de tout sentiment d'honneur et de honte. Le plus misérable des animaux ne voit pas tranquillement son semblable s'approcher de sa compagne. Le taureau présente les cornes à son rival, — le mâtin lui montre les dents, — le cerf timide lui-même devient furieux et le perce de son bois.

—Parce que ce sont des bêtes, répondit le Varangien, et que leurs femelles sont des créatures sans pudeur et sans raison, qui ne savent ce que c'est que la sainteté d'un choix. Mais toi, comte, peux-tu ne pas voir l'intention évidente de cette pauvre dame, abandonnée du monde entier, de te conserver la foi qu'elle t'a jurée, en éludant les piéges dont des méchans l'ont entourée? Par l'ame de mon père! j'ai le cœur tellement touché de voir tant d'adresse joint à tant d'honneur et de vertu, qu'à défaut d'un meilleur champion je lèverais moi-même ma hache pour la défendre.

— Je te remercie, mon brave ami, dit le comte ; je te remercie aussi cordialement que si tu devais rester seul pour rendre ce service à Brenhilda ; à Brenhilda qui a été aimée de tant de nobles seigneurs, qui a sous ses ordres tant de puissans vassaux. Oui, je te remercie ; et ce qui est bien plus encore, je te demande pardon du tort que je viens d'avoir envers toi.

— Vous ne pouvez avoir besoin de mon pardon, dit le Varangien, car je ne m'offense jamais de ce qui est dit sans intention sérieuse. — Silence ! je les entends parler.

— Cela est fort étrange, dit le césar en se promenant dans l'appartement ; mais il me semble, je suis même presque certain, Agélastès, que j'ai entendu parler dans le voisinage de ce pavillon secret.

— Cela est impossible, répondit le philosophe, mais je vais y voir.

Entendant Agélastès sortir de l'appartement, Hereward fit signe au comte qu'il fallait qu'ils s'accroupissent au milieu d'un épais buisson d'arbustes verts, qui les cacha complétement. Le philosophe fit sa ronde à pas lents et l'œil aux aguets, et les deux compagnons furent obligés de garder le plus profond silence, et de s'abstenir de faire le moindre mouvement jusqu'à ce qu'il eût fini sa reconnaissance inutile, et qu'il fût rentré dans le pavillon.

— Sur ma foi ! mon brave, dit le comte, il faut

que je te dise à l'oreille, avant que nous allions reprendre notre poste d'observation, que jamais, dans toute ma vie, je n'ai été assailli d'une aussi forte tentation que celle qui me portait à briser le crâne de ce vieil hypocrite, si j'eusse pu concilier une telle action avec mon honneur. Je voudrais de tout mon cœur que toi, à qui ton honneur n'impose pas la même retenue, tu eusses éprouvé quelque impulsion semblable, et que tu y eusses cédé.

— Quelques idées de ce genre m'ont passé par l'esprit, répondit le Varangien ; mais je ne veux pas m'y abandonner tant qu'elles ne seront pas compatibles avec notre sûreté, et plus particulièrement avec celle de la comtesse.

— Je te remercie de nouveau de ta bonne volonté pour elle, dit le comte Robert ; et, de par le ciel ! s'il faut enfin que nous combattions l'un contre l'autre, comme cela paraît assez probable, tu trouveras en moi un honorable antagoniste, qui ne te refusera pas quartier, si l'événement du combat ne t'est pas favorable.

— Je t'en remercie, répliqua Hereward ; seulement, pour l'amour du ciel, garde le silence en ce moment, et fais ensuite tout ce que tu voudras.

Avant que le comte et le Varangien eussent repris leur première position près de la fenêtre, pour écouter ce qui se passait dans le pavillon, les individus qui s'y trouvaient, ne se croyant pas épiés, avaient recommencé leur conversation, à voix plus basse, mais d'un ton fort animé.

— C'est en vain que vous voudriez me persuader, dit la comtesse, que vous ignorez où mon époux est détenu, et que vous n'êtes pas le maître absolu de faire cesser sa captivité. Quel autre pourrait avoir intérêt à éloigner ou à faire périr le mari, si ce n'est celui qui prétend séduire la femme?

— Vous êtes injuste à mon égard, belle dame, répondit le césar; vous oubliez qu'on ne peut, sous aucun rapport, me regarder comme le pivot de cet empire; qu'Alexis Comnène, mon beau-père, en est le souverain; et que la femme qui s'appelle mon épouse épie mes moindres mouvemens avec la jalousie d'une tigresse. Quelle possibilité y a-t-il que j'aie ordonné la captivité de votre mari ou la vôtre? Le comte de Paris a outragé publiquement l'empereur, et c'était une insulte dont il était probable qu'Alexis voudrait se venger en employant la ruse ou la force ouverte. Je n'y ai pris intérêt que comme l'humble esclave de vos charmes; et c'est grâce à la prudence et à l'adresse du sage Agélastès qu'il m'a été possible de vous tirer du gouffre où, sans cela, vous auriez infailliblement péri. Ne pleurez pas, belle comtesse: nous ne savons pas encore quel a été le destin du comte Robert; mais, croyez-moi, vous agiriez sagement en le considérant comme n'existant plus, et en faisant choix d'un meilleur protecteur.

— Un meilleur protecteur! répéta Brenhilda. Je ne pourrais le trouver quand j'aurais à choisir dans toute la chevalerie du monde entier!

— Ce bras, dit Nicéphore en se redressant pour prendre une attitude martiale, déciderait la question si l'homme dont vous avez une si haute idée se trouvait encore sur la face de la terre et était en liberté.

— Tu es, s'écria Brenhilda fixant sur lui des yeux

animés, comme tous ses traits, du feu de l'indignation ; tu es... Mais il est inutile de te dire ce que tu es. Crois-moi : le monde en retentira un jour, et t'appréciera à ta juste valeur. Fais bien attention à ce que je vais te dire : Robert de Paris est mort ou enfermé je ne sais où. Il ne peut donc te livrer le combat que tu as l'air de désirer si vivement. Mais tu vois ici Brenhilda, née dame d'Aspramont, et épouse légitime du brave comte de Paris. Nul homme, excepté le vaillant comte Robert, ne l'a jamais vaincue en champ-clos ; et puisque tu as tant de regret de ne pouvoir combattre son mari, tu n'auras sans doute aucune objection à faire si elle te propose de te combattre en sa place ?

—Comment, madame ! s'écria le césar avec surprise, vous voudriez entrer en lice contre moi ?

— Contre toi, oui ! et contre quiconque dans tout l'empire grec soutiendra que Robert de Paris a été traité avec justice et légalement emprisonné.

—Et les conditions seront-elles les mêmes que si le comte Robert eût combattu en personne ? Le vaincu doit être à la disposition absolue du vainqueur.

—Cela paraît juste, et je ne refuse pas de courir cette chance. Mais si c'est l'autre champion qui mord la poussière, le noble comte Robert sera mis en liberté et pourra partir sans obstacle.

—J'y consens, répondit le césar, pourvu que cela soit en mon pouvoir.

Un bruit sourd, semblable à celui que produirait un gond moderne, interrompit en ce moment la conversation.

CHAPITRE XIX.

Au risque d'être découverts, le Varangien et le comte de Paris étaient restés assez près pour comprendre le sujet de la conversation, quoiqu'ils ne pussent l'entendre en entier.

— Il a accepté son défi? dit le comte Robert.

— Et, en apparence, fort volontiers, répondit Hereward.

— Oh, sans doute, sans doute! mais il ne sait pas jusqu'à quel point une femme peut apprendre à manier les armes. Quant à moi, Dieu sait que le risque que je cours à l'événement de ce combat est déjà bien assez grand : cependant telle est ma confiance, que je voudrais qu'il le fût encore davantage. Je prends à témoin Notre-Dame des Lances Rompues que je voudrais que chaque pied de terre que je possède, chaque distinction que je puis dire m'appartenir, depuis le comté de Paris jusqu'à la courroie qui attache mon éperon, dépendissent du résultat de ce combat entre votre nouveau césar, comme on l'appelle, et Brenhilda d'Aspramont.

— C'est une noble confiance, et je n'ose dire qu'elle

soit indiscrète ; seulement je ne puis oublier que le césar est aussi vigoureux que bien fait, qu'il connaît parfaitement le maniement des armes, et surtout qu'il est moins esclave des règles de l'honneur que vous ne le croyez peut-être. Il y a bien des manières d'accorder ou de se procurer un avantage, qui, dans l'opinion de Nicéphore de Brienne, n'empêcheront pas le combat d'être égal, quoique le chevaleresque comte de Paris et même le pauvre Varangien pussent penser différemment. Mais d'abord, permettez-moi de vous conduire en quelque lieu de sûreté ; car votre évasion sera bientôt connue, si elle ne l'est pas déjà. Le bruit que nous venons d'entendre annonce que quelques-uns des complices de la conspiration sont arrivés dans ces jardins pour des affaires qui n'ont rien de commun avec l'amour. Je vous ferai passer par une avenue différente de celle que nous avons suivie en entrant. Cependant je doute qu'il vous plaise de prendre le parti le plus sage.

—Quel est ce parti ?

—De donner votre bourse, quand ce serait tout ce que vous possédez au monde, à quelque pauvre batelier, pour vous faire transporter de l'autre côté de l'Hellespont ; de vous hâter d'aller porter vos plaintes à Godefroy de Bouillon, et aux amis que vous pouvez avoir parmi les croisés ; de déterminer, ce qui vous sera facile, un nombre suffisant d'entre eux à revenir ici, et à menacer d'attaquer la ville sur-le-champ, si l'empereur ne vous rend votre épouse, très-injustement détenue, et n'empêche, par son autorité, ce combat absurde et contre nature.

—Quoi ! tu voudrais que j'engageasse les croisés à

mettre obstacle à un combat qui a été légalement proposé et accepté? Crois-tu que Godefroy de Bouillon se détournât de son pélerinage dans un aussi indigne dessein? Crois-tu que la comtesse de Paris regardât comme un service une démarche qui souillerait à jamais son honneur, en rompant un engagement qui a été pris d'après son propre défi? Jamais.

— En ce cas, mon jugement est en défaut : car je ne puis imaginer aucun expédient qui ne soit, d'une manière ou d'une autre, repoussé par vos idées folles et extravagantes. Voici un homme que l'astuce la plus basse a fait tomber entre les mains de ses ennemis; sa femme est victime d'un stratagème semblable, qui met en danger sa vie et son honneur ; et cependant il croit nécessaire d'agir à l'égard de ces empoisonneurs nocturnes, d'après les mêmes principes qui dirigeraient sa conduite envers les hommes les plus honorables!

— Tu dis une pénible vérité, Varangien. Mais ma parole est l'emblême de ma foi. Si je la donne à un ennemi sans foi et sans honneur, je commets une imprudence; mais, si j'y manque après l'avoir donnée, c'est une action déshonorante et une tache qui ne pourrait jamais s'effacer de mon écu.

— Voulez-vous donc que l'honneur de votre femme soit exposé aux chances d'un combat inégal?

— Que Dieu et tous les saints te pardonnent une telle pensée! J'assisterai à ce combat, sinon avec autant de joie, du moins avec autant de confiance que j'en eus jamais en voyant rompre une lance. Si Brenhilda est vaincue par suite de quelque accident ou d'une trahison, car Brenhilda d'Aspramont ne peut l'être autrement par un tel adversaire, j'avance dans la lice, je proclame le césar ce qu'il est : un scélérat ; je démontre l'infamie de sa conduite depuis le commencement jusqu'à la fin ; j'en appelle à tous les nobles cœurs qui m'entendront : et alors, que Dieu protége le bon droit!

Hereward resta un instant sans répondre, et secoua la tête.

— Tout cela, dit-il alors, serait praticable, si le combat se livrait en présence de vos compatriotes, et même, par la messe! si les Varangiens avaient la garde de la lice ; mais les trahisons de toute espèce sont si familières aux Grecs que je doute qu'ils considérassent la conduite de leur césar sous un autre point de vue que comme un stratagème d'amour tout naturel, très-pardonnable, et qui ne mérite ni honte ni châtiment.

— Puisse le ciel refuser sa compassion, dans le moment du besoin le plus urgent, à une nation qui peut rire d'une telle infamie, quand le glaive sera brisé dans la main de ses guerriers, et que leurs femmes et leurs filles, saisies par des ennemis barbares et sans pitié, pousseront des cris d'effroi!

Hereward leva les yeux sur son compagnon, dont les joues animées et les yeux étincelans prouvaient l'enthousiasme qui le transportait.

— Je vois que votre parti est pris, dit-il; et si c'est un acte de folie, on ne peut nier du moins que ce ne soit une folie héroïque; mais n'importe! il y a long-temps que la vie n'offre à l'exilé varangien qu'une coupe remplie d'amertume. Le matin le voit quitter tristement le lit où il s'est couché le soir, las de porter une arme mercenaire au service d'étrangers. Il a désiré bien des fois perdre la vie pour une cause honorable ; et celle qui se présente aujourd'hui touche à l'honneur dans ce qu'il y a de plus sacré. Elle s'accorde d'ailleurs avec mon projet de sauver l'empereur, ce que la chute de son gendre ingrat contribuera beaucoup à faciliter. Eh bien! sire comte, continua-t-il en se tournant vers le croisé, comme vous êtes le plus intéressé dans cette affaire, je suis disposé à céder à vos raisonnemens ;-mais j'espère que vous me permettrez de tempérer votre ardeur par quelques avis d'une nature plus simple et moins fantastique. Par exemple, votre évasion des cachots du Blaquernal ne peut manquer d'être bientôt connue. Je dois même, par prudence, être le premier à en donner avis, car autrement les soupçons tomberaient sur moi. Où avez-vous dessein de vous cacher ? car bien certainement on vous cherchera partout et avec grand soin.

— Quant à cela, répondit le comte de Paris, il faut que je me repose sur tes avis, et je te remercie de chaque mensonge que tu pourras te trouver obligé d'imaginer pour moi, te priant seulement d'en faire le moins que tu pourras, attendu que c'est une monnaie que je ne fabrique jamais moi-même.

— Sire comte, répliqua Hereward, permets-moi de commencer par te dire qu'il n'est point de chevalier plus esclave de la vérité, quand on est vrai avec lui, que le pauvre soldat qui te parle. Mais quand le succès de la partie dépend, non de jouer franc jeu, mais d'endormir la prudence par la ruse et d'engourdir les nerfs par quelque narcotique, ceux qui ne se feraient aucun scrupule d'employer tous les moyens pour me tromper ne peuvent guère espérer que, tandis qu'ils me paient ainsi en fausse monnaie, je ne leur en donnerai que de bonne. Pour le moment, il faut que tu restes caché dans mon humble appartement, à la caserne des Varangiens, qui est, je crois, le dernier endroit où l'on s'avisera de te chercher. Couvre-toi de ton manteau, et suis-moi. Maintenant que nous allons quitter ces jardins, tu peux m'accompagner, sans être suspect, comme un soldat à la suite de son officier; car apprends, noble comte, que, nous autres Varangiens, nous sommes une sorte de gens que les Grecs ne se soucient de regarder ni long-temps ni fixement.

Ils arrivèrent alors à la porte que la négresse leur avait ouverte, et Hereward, à qui on avait, à ce qu'il paraît, confié les moyens de sortir des jardins du philosophe, quoiqu'il ne pût y entrer sans le secours de la portière, prit une clef qui ouvrit la serrure du côté de l'intérieur, et ils se trouvèrent bientôt en liberté; ils traversèrent alors la ville, en prenant des chemins détournés, Hereward marchant en avant, et le comte le suivant en silence et sans faire aucune remontrance. Ils ne s'arrêtèrent que devant la porte de la caserne des Varangiens.

— Dépêchez-vous, dit la sentinelle qui était en faction; le dîner est déjà commencé. Cet avis fut entendu avec plaisir par Hereward, qui craignait beaucoup que son compagnon ne fût arrêté et interrogé. Il le conduisit, par un escalier dérobé, dans son appartement, et le fit entrer dans une petite chambre où couchait son écuyer. Il lui fit alors ses excuses de le laisser seul pour quelque temps, et en sortant il ferma la porte à double tour, de crainte, dit-il, qu'il ne prît fantaisie à quelqu'un d'entrer sans y être invité.

Le comte Robert avait trop de franchise pour que le démon de la méfiance pût aisément entrer dans son cœur ; cependant la précaution prise par le Varangien ne laissa pas de lui inspirer quelques réflexions pénibles.

— J'ai besoin que cet homme me soit fidèle, pensa-t-il ; car je lui ai accordé une grande confiance, et peu de soldats soudoyés, à sa place, y répondraient honorablement. Qui peut l'empêcher d'aller annoncer au principal officier de garde que le prisonnier français, Robert, comte de Paris, dont l'épouse a promis de se battre en champ-clos contre le césar, s'est échappé ce matin des prisons de Blaquernal, mais s'est laissé surprendre à midi, et est de nouveau captif dans la caserne de la garde varangienne ? — Quels sont mes moyens de défense, si je suis découvert par ces mercenaires ? — Avec la faveur de Notre-Dame des Lances Rompues, tout ce qu'un homme peut faire, je n'ai jamais manqué de l'accomplir. J'ai assommé un tigre en combat singulier. J'ai tué un garde de la prison. J'ai dompté une créature gigantesque qui le défendait. J'ai trouvé assez d'éloquence pour mettre dans mes intérêts, du moins en apparence, ce Varangien ; mais tout cela ne suffit pas pour me faire espérer que je pusse résister long-temps à dix ou douze gaillards tels que semblent être ces mangeurs de bœufs, amenés contre moi par un drôle ayant des nerfs et des muscles comme mon ci-devant compagnon. — Fi, Robert! de telles pensées sont indignes d'un descendant de Charlemagne. Quand as-tu jamais eu coutume de compter tes ennemis? Depuis quand t'es-tu habitué à la méfiance? Celui qui peut se vanter d'avoir un cœur incapable de tromper, doit, par honneur, être le dernier à soupçonner les autres. Ce Varangien a la physionomie ouverte; il montre dans le danger un sang-froid remarquable, il parle avec plus de franchise et de liberté que ne l'a jamais fait un traître. S'il me trompe, il ne faut plus se fier à la main de la nature, car elle a imprimé sur son front un caractère de vérité, de droiture et de courage.

Tandis que le comte Robert réfléchissait ainsi sur sa situation, et combattait les soupçons que faisait naître l'état d'incertitude où il se trouvait, il commença à s'apercevoir qu'il n'avait rien pris depuis bien des heures; et, au milieu de craintes d'une nature plus héroïque, il commença à soupçonner qu'on avait le dessein d'attendre que la faim eût miné ses forces, pour entrer dans l'appartement, avec le projet de l'attaquer.

Le meilleur moyen pour nous de voir si ces soupçons étaient injustes ou mérités, c'est de suivre Héreward dans ses courses, après qu'il fut sorti de l'appartement qu'il occupait dans la caserne. Ayant dîné à la hâte, en affectant un grand appétit, afin que l'attention qu'il donnait à son repas fût un prétexte qui le dispensât d'avoir à répondre à des questions désagréables, ou d'entrer en conversation avec ses camarades, il les quitta sur-le-champ, en alléguant un devoir qu'il avait à remplir, et se rendit au logement d'Achillès Tatius, qui était également situé dans l'enceinte des casernes. Un esclave syrien qui ouvrit la porte, après avoir salué profondément Hereward, qu'il savait être un favori de l'Acolouthos, lui annonça que son maître était sorti, mais qu'il l'avait chargé de lui dire que, s'il avait besoin de lui parler, il le trouverait aux Jardins du Philosophe, ainsi nommés parce qu'ils appartenaient au sage Agélastès.

Hereward, connaissant parfaitement Constantinople, prit le chemin le plus court, et ne tarda pas à se trouver seul devant la porte des jardins par laquelle il était entré avec le comte de Paris dans le cours de la matinée. Il y frappa comme il avait fait alors, et la même négresse parut sur-le-champ. Lorsqu'il demanda Achillès Tatius, elle lui répondit d'un ton un peu aigre : — Puisque vous étiez ici ce matin, je suis surprise que vous ne l'ayez pas vu, ou qu'ayant affaire à lui vous ne l'ayez pas attendu. Je suis sûre que, peu de temps après votre arrivée, l'Acolouthos vous a demandé.

— Que t'importe, vieille femme? dit le Varangien. Je rends compte de mes actions à mon commandant, mais non pas à toi. Il entra dans le jardin, sans passer par l'avenue ombragée qui conduisait au pavillon d'Amour, comme on nommait le petit édifice près duquel il avait entendu la conversation du césar avec la comtesse de Paris, et arriva devant un bâtiment simple et modeste, dont l'humble façade semblait annoncer que c'était le séjour de la philosophie et de la science. Là, en passant devant les fenêtres, il fit quelque bruit, s'attendant à attirer l'attention d'Achillès Tatius ou de son complice Agélastès, suivant que le hasard en déciderait. Ce fut le premier qui l'entendit, et qui lui répondit. Un grand panache se baissa, pour que celui qui le portait pût passer sous la petite porte d'entrée, et la taille imposante de l'Acolouthos se montra dans le jardin. — Eh bien, notre fidèle sentinelle, lui dit-il, quel rapport as-tu à nous faire à une pareille heure de la journée? Tu es notre ami, le plus estimé de nos soldats, et il faut que ton message soit important, puisque tu l'apportes toi-même et à une heure si peu ordinaire.

— Fasse le ciel, répondit Hereward, que la nouvelle que je viens vous apprendre mérite vos remercîmens !

—Bonne ou mauvaise, apprends-la-moi à l'instant ; tu parles à un homme à qui la crainte est inconnue, dit l'Acolouthos. Mais son œil, qui osait à peine regarder le soldat en face, — la couleur de ses joues, qui changeait à chaque instant, — ses mains occupées assez maladroitement à ajuster le ceinturon de son sabre, tout indiquait une situation d'esprit très-différente de celle que son ton de bravoure semblait annoncer. — Courage, mon fidèle soldat! continua-t-il ; quelle est ta nouvelle? tu ne peux avoir à m'en apprendre d'assez fâcheuse pour que je ne sois pas en état de la supporter.

— En un mot donc, reprit le Varangien, Votre Valeur m'a chargé ce matin de remplir les fonctions de maître des rondes près des cachots du palais de Blaquernal, où est emprisonné ce vieux traître aveugle Ursel, et où l'impétueux comte de Paris a été également jeté.

— Je me le rappelle fort bien. — Ensuite?

— Comme je me reposais dans une chambre au-dessus des cachots, j'ai entendu au-dessous de moi des cris singuliers, qui ont excité mon attention. Je me suis hâté d'en reconnaître la cause, et ma surprise a été extrême quand, en regardant dans le cachot, quoique l'obscurité m'empêchât de rien voir distinctement, les cris plaintifs que j'entendais me donnèrent lieu de croire que l'homme des bois, l'animal nommé Sylvain, auquel nos soldats ont trouvé le moyen de faire entendre notre langue saxonne, au point de le rendre utile au service des prisons, gémissait comme s'il eût reçu quelque blessure grave. Etant descendu avec une torche, j'ai trouvé le lit sur lequel le prisonnier avait été placé la nuit dernière réduit en cendres; le tigre qui avait été enchaîné à quelques pieds du lit, mort, la tête fracassée; et l'animal nommé Sylvain étendu par terre et poussant des cris de souffrance et de terreur. Quant au prisonnier, il n'y était plus. Je reconnus que tous les verrous avaient été tirés par un soldat de Mytilène, qui était de garde à ce poste, quand il était descendu dans ce cachot à l'heure ordinaire; et comme, à force de recherches, je l'ai trouvé mort, tué d'un coup de poignard dans la gorge, j'ai été obligé de croire que, pendant que j'examinais la prison, ce comte Robert, dont le caractère audacieux n'explique que trop une pareille aventure, s'est évadé par la trappe, en profitant de l'échelle à l'aide de laquelle j'étais descendu.

— Pourquoi n'as-tu pas crié sur-le-champ à la trahison et au secours?

— Je n'ai pas osé le faire sans avoir reçu les ordres de Votre Valeur. Le cri alarmant de trahison et les divers bruits auxquels il donnerait probablement lieu en ce moment auraient pu occasioner des recherches assez exactes pour mettre au grand jour des choses qui auraient peut-être fait tomber des soupçons sur l'Acolouthos lui-même.

— Tu as raison, dit Achillès Tatius en baissant la voix ; et cependant il est nécessaire que nous ne cherchions pas plus long-temps à cacher l'évasion de cet important prisonnier, si nous ne voulons en passer pour complices. — Où crois-tu que ce malheureux puisse s'être réfugié ?

— C'est ce que j'étais dans l'espoir d'apprendre de votre sagesse, plus profonde que la mienne.

— Ne penses-tu pas qu'il peut avoir passé l'Hellespont pour aller rejoindre ses soldats et ses concitoyens ?

— Cela est fort à craindre. Si le comte écoutait les avis de quelqu'un qui connût bien le pays, ce serait infailliblement le conseil qu'il recevrait.

— Le danger qu'il revienne pour se venger, à la tête d'un corps de Francs, n'est donc pas aussi immédiat que je l'appréhendais d'abord ; car l'empereur a donné des ordres positifs pour que les bâtimens et les galères qui ont transporté hier les croisés sur les bords de l'Asie repassassent le détroit, et n'en ramenassent pas un seul du point où il les a aidés à se rendre. — D'ailleurs tous les croisés, — leurs chefs, c'est-à-dire, — ont fait vœu, avant leur traversée, de ne pas reculer d'un pied, maintenant qu'ils sont tout de bon sur la route de la Palestine.

— En ce cas, dit Hereward, une de ces deux propositions est incontestable : ou le comte Robert est sur la rive orientale du détroit, n'ayant aucun moyen d'en revenir avec des compagnons pour se venger de la manière dont il a été traité, et par conséquent on peut le braver impunément ; ou il est caché quelque part dans Constantinople, sans un ami, sans personne pour prendre son parti, ou pour l'encourager à proclamer ouvertement ses griefs prétendus. Dans un cas comme dans l'autre, il me semble qu'il ne serait pas prudent d'ébruiter dans le palais la nouvelle de son évasion ; car elle ne servirait qu'à alarmer la cour, et pourrait donner à l'empereur bien des motifs de soupçons. Mais il n'appartient pas à un ignorant Barbare comme moi d'indiquer à Votre Valeur et à Votre Sagesse la marche que vous devez suivre, et il me semble que le sage Agélastès serait un meilleur guide à consulter.

— Non, non, non! dit l'Acolouthos parlant à voix basse, mais d'un ton animé; le philosophe et moi nous sommes très bons amis, amis dévoués et liés ensemble par des engagemens réciproques ; mais si les choses en venaient au point que l'un de nous dût jeter devant le marche-pied du trône de l'empereur la tête de l'autre, je crois que ton avis ne serait pas que, moi dont les cheveux n'ont pas encore la moindre teinte d'argent, je fusse le dernier à faire cette offrande. C'est pourquoi nous ne dirons rien de cet accident, mais nous te donnons plein pouvoir et nous t'ordonnons même spécialement de chercher à découvrir le comte de Paris, mort ou vif, de l'enfermer dans la prison militaire de notre corps, et quand tu y auras réussi, de m'en donner avis. J'ai bien des moyens de m'en faire un ami en tirant sa femme de danger à l'aide des haches de mes Varangiens. Qu'y a-t-il dans cette capitale qu'on puisse leur opposer?

— Rien, quand elles sont levées pour une cause juste.

—Ah! — que dis-tu là?—que veux-tu dire?— Mais je te comprends. Tu désires avoir des ordres spéciaux et officiels de ton commandant pour toutes les parties du service dont tu es chargé. Cette manière de penser est celle d'un soldat prudent; et, comme ton chef, je sens qu'il est de mon devoir de satisfaire tes scrupules. Tu auras donc un mandat spécial, avec plein pouvoir de chercher et d'emprisonner ce comte étranger dont nous venons de parler. — Et écoute-moi, mon excellent ami, ajouta l'Acolouthos non sans un peu d'hésitation. — Je crois que tu feras bien de te retirer, et de commencer ou plutôt de continuer tes perquisitions. Il est inutile d'informer notre ami Agélastès de ce qui est arrivé, jusqu'à ce que ses avis nous deviennent plus nécessaires qu'ils ne le sont en ce moment. — Retourne, retourne aux casernes. S'il est curieux de savoir pourquoi tu es venu ici, ce qui est assez vraisemblable de la part d'un vieillard soupçonneux, je lui ferai quelque histoire. Retourne aux casernes, te dis-je, et agis comme si tu avais le mandat le plus ample et le plus complet. J'aurai soin de t'en donner un dès que je serai de retour.

Le Varangien reprit sur-le-champ le chemin des casernes.

— N'est-il pas bien étrange, se dit-il à lui-même, et n'y a-t-il pas de quoi rendre un homme coquin pour toute la vie, de voir comme le diable encourage un jeune débutant dans la carrière de la fausseté! J'ai fait un plus gros mensonge, ou du moins je me suis plus écarté de la vérité, qu'en aucune autre occasion dans toute ma vie, et quel en est le résultat? mon commandant me jette presque à la tête un mandat qui me servira de garantie et de sauvegarde pour tout ce que j'ai fait et pour tout ce que je me propose de faire ! Si le diable protégeait toujours aussi bien ceux qui le servent, il me semble qu'ils auraient peu de raison de se plaindre de lui, et les honnêtes gens ne pourraient être surpris que le nombre en soit si grand. Mais un temps vient, dit-on, où il manque rarement de les abandonner. Ainsi donc, en arrière, Satan ! Si j'ai eu l'air de te servir un moment, c'est avec des intentions honnêtes et chrétiennes.

Comme il se livrait à ces pensées, il jeta un regard en arrière, et vit avec surprise l'apparition d'un être ayant la forme humaine, mais de plus grande taille, et tout couvert de poils d'un brun roussâtre, à l'exception de la figure. Sa laideur n'empêchait pas que ses traits n'eussent une expression de mélancolie. Il avait une main enveloppée de linge, et son air triste et languissant annonçait qu'il souffrait. Hereward était tellement préoccupé de ses réflexions qu'il crut d'abord que son imagination avait réellement évoqué le diable. Cependant, après un tressaillement de surprise, il reconnut son ancienne connaissance Sylvain.

— Ah ! mon vieil ami ! dit-il, je suis charmé qu'en t'échappant tu sois venu dans un endroit où tu trouveras abondance de fruits pour te nourrir. — Mais crois-moi, ne te laisse pas découvrir ! — Suis le conseil d'un ami !

L'homme des bois répondit à ce discours par quelques sons inarticulés.

— Je te comprends, dit Hereward. Tu veux dire que tu ne joueras pas le rôle de rapporteur; et, sur ma foi! j'ai plus de confiance en toi qu'en la plus grande partie de ma propre race de bipèdes, qui sont éternellement occupés à se tromper ou à se détruire les uns les autres.

Un moment après qu'il eut perdu de vue l'orang-outang, Hereward entendit un cri de terreur, et la voix d'une femme qui appelait du secours. Cette voix devait avoir un intérêt tout particulier pour le Varangien: car, oubliant sa situation dangereuse, il retourna sur-le-champ sur ses pas, et courut au secours de celle qui semblait en avoir un pressant besoin.

CHAPITRE XX.

> Elle arrive! elle arrive! et son charmant minois
> Offre jeunesse, amour et constance à la fois.
> *Anonyme.*

Hereward ne courut que quelques instans à travers les bosquets dans la direction des cris qu'il entendait; car une femme se précipita dans ses bras, alarmée, à ce qu'il paraissait, de voir Sylvain qui la poursuivait de très-près. La vue d'Hereward, tenant sa hache levée, arrêta sur-le-champ la course de l'homme des bois; et, poussant un cri sauvage de terreur, il disparut au milieu des buissons les plus épais.

Délivré de sa présence, Hereward eut le temps de jeter un regard sur la femme qu'il venait de secourir. Elle portait des vêtemens de différentes couleurs, parmi lesquelles le jaune pâle dominait. Sa tunique était de cette nuance, et elle lui serrait la taille comme une robe moderne. Elle était grande et bien faite.

L'espèce de capuchon attaché à la mante, ou habillement de dessus, de drap très-fin, qui l'enveloppait entièrement, étant tombé en arrière par suite de la rapidité de sa fuite, laissait voir des cheveux artistement tressés. Sous cette coiffure paraissait une figure pâle comme la mort, mais qui, même au milieu de sa terreur, conservait encore une beauté remarquable.

Cette apparition fut pour Hereward comme un coup de tonnerre. Le costume n'était ni grec, ni italien, ni franc; il était saxon et se rattachait par mille tendres souvenirs à l'enfance et à la jeunesse d'Hereward. C'était une circonstance fort extraordinaire. A la vérité, il se trouvait à Constantinople des femmes saxonnes qui avaient suivi la fortune des Varangiens, et elles préféraient souvent porter dans cette ville leur costume national, parce que le caractère et la conduite de leurs maris leur assuraient un degré de respect qu'elles auraient pu ne pas obtenir, soit comme Grecques, soit comme étrangères; mais Hereward les connaissait personnellement presque toutes. Ce n'était pourtant pas le moment de se livrer à des rêveries; — il était lui-même compromis; — la situation de la jeune Saxonne pouvait n'être pas sans dangers; — elle s'était évanouie. — Dans tous les cas, il était à propos de quitter la partie la plus fréquentée des jardins. Il ne perdit donc pas un moment pour porter la jeune femme dans une retraite qu'il connaissait heureusement. Un sentier couvert et dérobé aux yeux par des arbustes de grande taille le conduisit, à travers une espèce de labyrinthe, dans une grotte artificielle, parée de coquillages, de mousse et de spath, au fond de laquelle était étendue la statue gigantesque d'une naïade, avec ses attributs ordinaires, c'est-à-dire le front couronné de nénuphar et de glaïeul, et la main appuyée sur une urne vide. L'attitude de la statue convenait parfaitement à l'inscription : — JE DORS ; — NE M'ÉVEILLE PAS !

— Maudit reste du paganisme ! dit Hereward, qui était, en proportion de ses connaissances, un chrétien zélé, je t'éveillerai de bonne sorte, misérable bloc de bois ou de pierre que tu es ! A ces mots, il abattit d'un coup de sa hache la tête de la déesse, et dérangea tellement le jeu de la fontaine que l'eau commença à tomber dans l'urne.

— Tu es un bon diable de bloc, après tout, dit le Varangien, puisque tu envoies si à propos du secours à ma pauvre concitoyenne. Mais, avec ta permission, je lui donnerai aussi une partie de ta couche. En parlant ainsi, il déposa la jeune fille, qui n'avait pas encore recouvré l'usage de ses sens, sur le large piédestal qui servait de lit à la déesse. Pendant ce temps, son attention se porta sur les traits de la Saxonne, et il éprouva une si vive émotion, mêlée d'espoir et de crainte, qu'on n'aurait pu la comparer qu'à la lumière vacillante d'une torche, dont on ne saurait dire si elle va se rallumer ou s'éteindre tout-à-fait. Ce fut avec une sorte d'attention purement machinale qu'il continua à faire tous les efforts qu'il put imaginer pour rendre l'usage de ses sens à sa belle concitoyenne. Il éprouvait les mêmes sensations que le sage astronome à qui le lever de la lune permet de contempler de nouveau ce ciel, qui est en même temps l'espoir de son bonheur, comme chrétien, et la source de ses connaissances, comme philosophe. Le sang revint enfin animer les joues de la jeune Saxonne, et elle recouvra même la mémoire plus promptement que le Varangien frappé de stupeur.

— Sainte Marie! s'écria-t-elle, ai-je donc véritablement vidé la dernière coupe d'amertume, et est-ce ici que tu réunis après leur mort ceux qui t'ont honorée pendant leur vie? — Parle, Hereward! — si tu es autre chose qu'un fantôme créé par mon imagination, parle, et dis-moi si j'ai fait un rêve en croyant voir un ogre monstrueux?

— Calme-toi, ma chère Berthe, dit l'Anglo-Saxon rappelé à lui-même par le son de sa voix; et prépare-toi à endurer de ce que nous vivons, toi pour voir et moi pour te raconter. — Cet être hideux existe; — mais ne tressaille pas, ne cherche pas un endroit pour te cacher: ta main si douce, armée seulement d'une houssine, suffirait pour glacer son courage. — D'ailleurs ne suis-je pas avec toi, Berthe? Désirerais-tu un autre defenseur?

— Non, non, s'écria-t-elle en saisissant le bras de l'amant qu'elle venait de retrouver. Ne te reconnais-je pas à présent?

— Et n'est-ce qu'à présent que tu me reconnais, Berthe?

— Je le soupçonnais auparavant, répondit-elle en baissant les yeux; mais je reconnais avec certitude cette marque des défenses du sanglier.

Hereward attendit que son imagination se fût remise du choc qu'elle avait éprouvé si soudainement, avant de lui parler des événemens présens, qui sembláient être un nouveau sujet de doutes et de craintes déchirantes. Il lui permit donc de rappeler à sa mémoire toutes les circonstances de la chasse de cet animal féroce par leurs tribus réunies. Elle décrivit, en mots entrecoupés, le vol des flèches décochées contre le sanglier par tous les chasseurs des deux sexes, et la blessure qu'elle lui fit elle-même avec un trait bien ajusté, mais lancé d'une main faible. Elle n'oublia pas la fureur avec laquelle le monstre s'était précipité vers celle qui l'avait blessé, avait tué son palefroi, et l'aurait immolée elle-même, si Hereward, ne pouvant faire avancer son cheval, ne s'était jeté à terre, et ne se fût placé entre Berthe et le sanglier. Le combat ne fut terminé qu'après des efforts désespérés. L'animal furieux resta sur la place ; mais Hereward reçut au front un coup de ses défenses, et c'était ce coup dont la cicatrice avait aidé la jeune Saxonne à le reconnaître. — Hélas! dit-elle, qu'avons-nous été depuis ce temps, et que sommes-nous encore l'un pour l'autre dans ce pays étranger?

— Réponds pour toi, si tu le peux, ma chère Berthe, dit le Varangien ; et, si tu le peux, dis avec vérité que tu es toujours cette Berthe qui a fait vœu d'affection pour Hereward. Crois-moi : ce serait un péché que de supposer que les saints nous ont réunis pour nous séparer encore.

— Hereward, répondit Berthe, tu n'as pas conservé l'amour dans ton sein avec plus de soin que je ne l'ai fait moi-même. Dans mon pays ou chez l'étranger, libre ou esclave, dans la joie comme dans le chagrin, dans l'abondance et dans le besoin, je n'ai jamais oublié la foi que j'avais jurée à Hereward devant la pierre d'Odin.

Ne parle plus de cela, dit Hereward; c'était un rit impie, et rien de bon ne pouvait en résulter.

— Était-il donc si impie ? demanda-t-elle, tandis qu'une larme involontaire mouillait son grand œil bleu. Hélas ! c'était un plaisir pour moi de songer qu'Hereward m'appartenait par cet engagement solennel.

— Écoute-moi, ma Berthe, dit Hereward en lui prenant la main. Nous étions alors presque enfans, et, quoique notre vœu fût innocent en lui-même, il était impie en ce qu'il était prononcé devant une idole muette, représentant un homme qui avait été, pendant sa vie, un magicien cruel et sanguinaire. Mais, dès que l'occasion s'en présentera, nous renouvellerons ce vœu devant un autel véritablement sacré, en promettant de faire une pénitence convenable pour avoir reconnu Odin par ignorance, et afin de nous rendre propice le vrai Dieu, qui peut nous soutenir au milieu des tempêtes d'adversité auxquelles nous pouvons encore être exposés.

Les laissant pour le moment continuer leur conversation amoureuse avec une simplicité si naïve et si pure, nous raconterons en peu de mots tout ce que le lecteur a besoin de savoir de l'histoire de chacun d'eux, depuis le moment de la chasse du sanglier jusqu'à celui de leur rencontre dans les jardins d'Agélastès.

Dans cette situation incertaine où se trouvent des proscrits, Walehtoff, père d'Hereward, et Engelred, père de Berthe, avaient coutume d'assembler leurs tribus indomptées, tantôt dans les fertiles régions du Devonshire, tantôt dans les sombres forêts du Hampshire, mais toujours, autant qu'il était possible, à une distance qui leur permît d'entendre l'appel du cor du fameux Edric-le-Forestier, si long-temps chef des insurgés saxons. Les chefs que nous venons de nommer étaient au nombre de ces braves qui maintinrent l'indépendance de la race saxonne en Angleterre; et, comme la capitaine Edric, ils étaient généralement connus sous le nom de Forestiers, parce qu'ils vivaient du produit de leur chasse, quand ils étaient arrêtés ou repoussés dans leurs excursions. Cette circonstance leur fit faire un pas rétrograde dans la civilisation, et ils en revinrent à ressembler à leurs ancêtres d'origine germanique plus que la gération précédente, qui, avant la bataille d'Hastings, avait fait des progrès considérables dans la vie civilisée.

Les anciennes superstitions avaient commencé à renaître parmi eux, et de là était venue la coutume des amans des deux sexes de se donner leur foi dans ces cercles de pierres énormes qu'on supposait consacrées à Odin, quoiqu'ils eussent depuis long-temps cessé d'avoir en lui la même croyance que leurs ancêtres païens.

Sous un autre rapport, ces proscrits reprirent aussi très-promptement un usage particulier aux anciens Germains. Les circonstances dans lesquelles ils se trouvaient faisaient que les jeunes gens des deux sexes se trouvaient très-souvent ensemble; et des mariages trop précoces, ou des liaisons d'une nature plus passagère, auraient augmenté la population à un tel point, qu'il n'aurait plus été possible de pourvoir à sa subsistance. Les lois des Forestiers défendirent donc strictement qu'aucun homme se mariât avant d'avoir accompli sa vingt-unième année. A la vérité les jeunes gens formaient plus tôt des projets de mariage, et leurs parens n'y apportaient aucun obstacle, pourvu qu'ils attendissent, pour les réaliser, que le futur époux eût atteint l'âge prescrit. Les jeunes gens qui contrevenaient à cette règle étaient flétris par l'épithète ignominieuse de *niddering*, ou indigne; épithète si insultante, qu'on vit des hommes se donner la mort plutôt que de supporter une vie souillée d'un tel opprobre. Mais les coupables étaient en petit nombre au milieu d'une race habituée à modérer et à réprimer tous ses désirs. Il en résultait que la femme qui avait été regardée pendant tant d'années comme quelque chose de sacré, était, quand elle se plaçait à la tête d'une famille, reçue avec transport dans les bras et le cœur d'un époux qui l'avait attendue depuis si long-temps, était l'objet d'un sentiment plus exalté que la simple idole du moment; et, sentant le prix qu'on attachait à elle, s'efforçait d'y faire correspondre toutes les actions de sa vie.

Après l'aventure de la chasse au sanglier, Hereward et Berthe furent regardés par toute la population de ces tribus, aussi bien que par leurs parens, comme des amans dont l'union était indiquée par le ciel, et ils furent encouragés à se voir aussi fréquemment qu'ils le désiraient mutuellement eux-mêmes. Les jeunes gens de la tribu évitaient de demander la main de Berthe pour danser, et les jeunes filles n'employaient ni prières ni artifices pour retenir Hereward auprès d'elles, si Berthe était présente à la fête. Ils se donnèrent la main à travers la pierre percée qu'on appelait l'autel d'Odin, quoique les siècles postérieurs aient attribué ce monument aux Druides ; et ils demandèrent que, s'ils se manquaient de foi l'un à l'autre, cette faute fût punie par les douze glaives nus que tenaient autant de jeunes gens pendant cette cérémonie, et par tant d'infortunes que pourraient en raconter, en vers ou en prose, les deux jeunes filles qui les entouraient.

Le flambeau du Cupidon saxon brilla quelques années avec le même éclat que lorsqu'il s'était allumé. Mais le temps arriva où il devait être soumis aux épreuves de l'adversité, quoique sans l'avoir mérité. Quelques années s'étaient écoulées, et Hereward comptait avec impatience le nombre des mois, des semaines qu'il devait encore voir se passer avant son union avec sa maîtresse ; Berthe commençait à écouter avec moins de timidité les expressions de tendresse d'un homme qui devait, dans si peu de temps, la regarder comme étant entièrement à lui. Mais Guillaume-le-Roux avait conçu le projet de détruire complétement les Forestiers, dont la haine implacable et l'amour inquiet pour la liberté avaient si souvent troublé la tranquillité de son royaume et méprisé les dispositions de ses lois sur les forêts. Il assembla ses troupes normandes, et y joignit un corps de Saxons qui s'étaient soumis à son pouvoir. Il mit ainsi en campagne une force irrésistible contre les tribus de Waltheoff et d'Engelred, qui ne virent d'autre ressource que de placer leurs femmes, et tous ceux qui étaient hors d'état de porter les armes, dans un couvent dédié à saint Augustin, dont Kenelm, leur parent, était prieur. Attaquant alors leurs ennemis, ils prouvèrent qu'ils avaient encore leur ancienne valeur, en combattant jusqu'à la dernière extrémité. Les deux chefs perdirent la vie dans cette bataille ; et Hereward ainsi que son frère auraient eu le même destin, si quelques habitans saxons du voisinage, qui se hasardèrent sur le champ de bataille, où les vainqueurs n'avaient laissé que ce qui pouvait assouvir la voracité des éperviers et des corbeaux, n'y eussent trouvé les deux jeunes gens respirant encore. Comme ils étaient généralement connus et fort aimés, ils furent soignés par ces braves gens jusqu'au moment où leurs blessures commencèrent à se guérir, et leurs forces à se réparer. Hereward apprit alors la triste nouvelle de la mort de son père et d'Engelred. Ses questions eurent ensuite pour objet le destin de sa chère Berthe, et de celle qui devait être sa belle-mère. Les pauvres habitans qu'il interrogeait ne purent lui donner que des renseignemens bien peu satisfaisans. Les chevaliers et les seigneurs normands avaient emmené comme esclaves une partie des femmes qui avaient cherché un asile dans le couvent ; en avaient chassé les autres, ainsi que les moines qui les y avaient reçues, et le monastère avait été livré aux flammes et au pillage.

A demi mort lui-même en apprenant ces nouvelles, Hereward partit, et, au risque de sa vie, — car les Forestiers étaient traités en proscrits, — il se mit à chercher celles qui lui étaient si chères. Il demanda particulièrement quel avait été le sort de Berthe et de sa mère à quelques misérables créatures qui erraient encore dans les environs comme des abeilles à demi enfumées qui se traînent autour de leur ruche dépouillée. Mais, au milieu de sa propre terreur, personne n'avait eu des yeux pour ses voisins, et tout ce qu'on put lui dire fut que la femme et la fille d'Engelred avaient certainement perdu la vie. Ceux qui lui parlaient ainsi ajoutèrent à cette conclusion tant de détails déchirans, puisés dans leur imagination, qu'Hereward renonça à continüer des recherches qui paraissaient devoir se terminer d'une manière si inutile et si horrible.

Le jeune Saxon avait été toute sa vie élevé dans une haine patriotique des Normands, et il n'était pas naturel que la victoire qu'ils venaient de remporter lui inspirât des dispositions plus favorables à leur égard. Il songea d'abord à traverser le détroit, et à faire la guerre à ses ennemis dans leur propre pays; mais une idée si extravagante ne put se maintenir long-temps dans son esprit. Son destin fut décidé par la rencontre qu'il fit d'un vieux pélerin qui avait connu son père, ou du moins qui prétendait l'avoir connu, et être né en Angleterre. Cet homme était un Varangien déguisé, choisi à cet effet. Il avait de l'adresse, de la dextérité, et ne manquait pas d'argent. Il ne lui fut pas difficile de déterminer Hereward, dans son désespoir et sa désolation, à s'enrôler dans la garde varangienne, qui faisait alors la guerre aux Normands; car, pour flatter les préventions d'Hereward, ce fut ainsi qu'il lui représenta les guerres de l'empereur grec contre Robert Guiscard, son fils Bohémond, et d'autres aventuriers, en Italie, en Grèce et en Sicile. Un voyage dans l'Orient était en même temps un pélerinage, et donnait à Hereward l'occasion d'obtenir le pardon de ses péchés en visitant la Terre-Sainte. En gagnant Hereward, le recruteur s'assura aussi les services de son frère aîné, qui avait fait vœu de ne pas se séparer de lui.

La haute réputation de courage des deux frères fit que cet agent rusé les regarda comme une acquisition importante, et ce fut dans les notes qu'il avait prises sur l'histoire et le caractère de ses recrues, d'après les renseignemens que lui avait donnés le frère aîné, qu'Agélastès avait recueilli des détails sur la famille et les sentimens d'Hereward, détails dont il avait profité lors de sa première entrevue avec le Varangien pour tâcher de le pénétrer de l'idée qu'il avait des connaissances surnaturelles. Plusieurs de ses compagnons d'armes furent gagnés de cette manière; car on devinera aisément que ces notes étaient confiées à la garde d'Achillès Tatius, que celui-ci, pour favoriser leurs projets communs, les communiquait au philosophe, qui obtint de cette manière parmi ces hommes ignorans la réputation d'avoir des connaissances au-dessus de la portée de la nature humaine. Mais la foi ferme et l'honnêteté d'Hereward le mirent en état d'éviter ce piége.

Telles étaient les aventures d'Hereward; celles de Berthe furent le sujet d'un entretien passionné entre les deux amans, — d'un entretien aussi variable qu'une journée d'avril, et qui fut interrompu bien des fois par ces tendres caresses que la pudeur permet à des amans qui se retrouvent inopinément après une séparation qui menaçait d'être éternelle. Mais cette histoire peut se réduire à peu de mots. Pendant le sac du couvent, un vieux chevalier normand prit Berthe pour sa part du butin. Frappé de sa beauté, il la destina à devenir la suivante de sa fille, qui venait de sortir de l'enfance, et qui était la prunelle de ses yeux, car c'était le seul enfant qu'il eût jamais eu de son épouse, et il avait déjà un certain âge quand il avait plu au ciel de bénir leur lit nuptial. Il était donc dans l'ordre naturel des choses que la dame d'Aspramont, qui était beaucoup plus jeune que le chevalier, gouvernât son mari, et que Brenhilda, leur fille, gouvernât son père et sa mère.

Le chevalier d'Aspramont aurait pourtant voulu inspirer à sa jeune fille le goût d'amusemens plus convenables à son sexe que ceux qui déjà commençaient à mettre souvent sa vie en danger. Le bon vieux chevalier savait par expérience qu'il était inutile de songer à la contrarier. L'influence et l'exemple d'une compagne un peu plus âgée qu'elle, pouvaient seconder ses intentions, et ce fut dans cette vue que, dans la confusion générale du pillage, il s'empara de la jeune Berthe. Épouvantée au plus haut degré, Berthe saisit le bras de sa mère, et le chevalier d'Aspramont, qui avait un cœur plus tendre qu'on n'en trouvait ordinairement sous une cuirasse d'acier, fut touché de l'affliction de la mère et de la fille. Il songea que la première pourrait aussi se rendre utile à son épouse; et les prenant toutes deux sous sa protection, il les fit sortir de la foule, et paya quelques soldats qui osaient lui disputer son butin, les uns par quelques pièces de monnaie, les autres par de bons coups du revers de sa lance.

Le bon chevalier reprit bientôt après le chemin de son château; et comme c'était un homme vertueux et de bonnes mœurs, la beauté naissante de la jeune Saxonne et les charmes plus mûrs de sa mère, ne les empêchèrent pas de voyager en tout honneur comme en sûreté jusqu'au château d'Aspramont, demeure ordinaire de la famille du chevalier. Là les meilleurs maîtres qu'on put se procurer furent chargés d'orner Berthe de tous les talens qu'on donnait alors aux femmes, dans l'espoir que sa maîtresse Brenhilda concevrait le désir de recevoir les mêmes leçons. Ce plan ne réussit qu'à demi. La captive Saxonne devint très-habile en musique, en ouvrages d'aiguille, et dans tous les talens qui étaient alors l'apanage des dames; mais sa jeune maîtresse Brenhilda conserva pour les amusemens guerriers ce goût que son père voyait avec tant de déplaisir, mais qui obtenait la sanction de sa mère, qui, dans sa jeunesse, avait eu elle-même de pareilles fantaisies.

Quoi qu'il en soit, les deux captives furent traitées avec bonté. Brenhilda s'attacha de plus en plus à la jeune Anglo-Saxonne, qu'elle aimait moins à cause de ses talens que pour l'activité qu'elle déployait dans tous les jeux d'exercice, activité que Berthe devait à l'état d'indépendance dans lequel elle avait passé ses premières années.

La dame d'Aspramont était aussi pleine de bonté pour les deux captives, et cependant, dans une occasion, elle commit à leur égard un trait de tyrannie. Elle s'était figurée (et un confesseur ignorant l'avait confirmée dans cette idée) que les Saxons étaient païens, ou du moins hérétiques, et elle insista auprès de son mari pour que la mère et la fille, qui devaient être à son service et à celui de Brenhilda, avant de remplir ces fonctions, fussent admises, par le baptême, dans le giron de l'église chrétienne.

Quoique sentant l'injustice et la fausseté de cette imputation, la mère eut assez de bon sens pour se soumettre à la nécessité ; et elle reçut dans toutes les formes, à l'autel, le nom de Marthe, auquel elle répondit tout le reste de sa vie.

Mais Berthe montra en cette occasion un caractère qui ne s'accordait pas avec sa docilité et sa douceur naturelles. Elle refusa hardiment d'être admise une seconde fois dans le sein de l'église, sa conscience lui disant qu'elle en était déjà membre ; et elle ne voulut pas changer contre un autre nom celui qu'elle avait reçu sur les fonts de baptême. Ce fut en vain que le vieux chevalier ordonna, que la dame d'Aspramont menaça, et que sa mère employa les supplications et les conseils. Pressée de plus en plus instamment par celle-ci, elle finit par avouer son motif, qu'on n'avait pas soupçonné auparavant. — Je sais, dit-elle en versant un torrent de larmes, que mon père serait mort avant de me voir exposée à une telle insulte ; et ensuite, qui m'assurera que les sermens qui ont été faits à une Berthe saxonne conserveront toute leur force si une Agathe française lui est substituée ? Ils peuvent me bannir, ajouta-t-elle, me tuer, si bon leur semble ; mais si le fils de Waltheoff revoit jamais la fille d'Engelred, il retrouvera en elle la Berthe qu'il a connue dans les forêts d'Hampt.

Tous les raisonnemens furent inutiles : la jeune Saxonne tint bon ; et, pour essayer d'ébranler sa résolution, la dame d'Aspramont parla enfin de la congédier et de la renvoyer du château. Berthe avait aussi pris son parti sur ce point, et elle répondit avec autant de fermeté que de respect, que ce serait avec le plus cruel chagrin qu'elle se séparerait de sa jeune maîtresse ; mais que, du reste, elle aimait mieux mendier sous son propre nom que de renier la foi de ses pères, et de la condamner comme une hérésie en prenant un nom d'origine française. Cependant Brenhilda entra dans l'appartement où sa mère allait prononcer la sentence de bannissement dont elle avait menacé la Saxonne. — Que ma présence ne vous retienne pas, madame, dit l'intrépide jeune fille ; je suis aussi intéressée que Berthe à la sentence que vous allez prononcer. Si elle passe le pont-levis du château d'Aspramont comme bannie, j'en ferai autant quand elle aura essuyé des larmes que ma pétulance même n'a jamais pu faire couler de ses yeux. Elle me servira d'écuyer et de garde-du-corps, et le barde Lancelot me suivra avec ma lance et mon bouclier.

— Et vous reviendrez de cette folle expédition avant que le soleil se couche, lui dit sa mère.

— Que le ciel me favorise dans mon projet! madame, répondit la jeune héritière ; le soleil qui nous verra revenir ne se lèvera ni ne se couchera avant que le nom de Berthe et celui de Brenhilda soient connus aussi loin que la trompette de la renommée pourra les faire entendre. Rassure-toi, ma chère Berthe, ajouta-t-elle en prenant sa suivante par la main. Si le ciel t'a arrachée à ton pays et à l'amant qui a reçu ta foi, il t'a donné une sœur et une amie, et ta renommée vivra toujours avec la sienne.

La dame d'Aspramont fut atterrée. Elle savait que sa fille était capable de prendre le parti étrange qu'elle venait d'annoncer, et que ni elle, ni même son mari, ne seraient en état de l'en empêcher. Elle garda donc le silence, tandis que la matrone saxonne, ci-devant Ulrique, et maintenant Marthe, adressait la parole à sa fille. — Ma fille, dit-elle, si vous faites cas de l'honneur, de la vertu, de la reconnaissance et de votre propre sûreté, n'endurcissez pas votre cœur contre votre maître et votre maîtresse, et suivez les avis d'une mère qui a plus d'expérience et de jugement que vous. — Et vous, ma chère jeune dame, ne souffrez pas que votre mère puisse croire que votre passion pour des exercices dans lesquels vous excellez a détruit dans votre cœur la tendresse filiale et les sentimens de délicatesse naturels à votre sexe. Puisqu'elles semblent persister l'une et l'autre dans leurs résolutions, madame, continua-t-elle après avoir attendu quelques instans pour voir quelle influence ses avis auraient sur l'esprit des deux jeunes filles, peut-être, si vous me le permettiez, pourrais-je vous proposer une alternative qui satisferait vos désirs, dissiperait les scrupules de ma fille opiniâtre, et répondrait aux intentions bienveillantes de sa généreuse maîtresse. La dame d'Aspramont fit signe à la matrone saxonne de continuer, et celle-ci reprit la parole. — Les Saxons d'aujourd'hui, ma chère dame, ne sont ni païens ni hérétiques ; ils obéissent humblement au pape de Rome quant au temps de célébrer la Pâque, et sur tous les autres points de doctrine qui sont contestés ; et ce bon évêque le sait fort bien, puisqu'il a réprimandé quelques domestiques qui me nommaient une vieille païenne. Cependant nos noms sonnent mal aux oreilles des Francs, et ils ont peut-être un air païen. Si l'on n'exige pas de ma fille qu'elle se soumette à la cérémonie d'un nouveau baptême, elle consentira à quitter son nom de Berthe, tant qu'elle restera dans votre honorable maison. Cela mettra fin à un débat qui, si j'ose le dire, ne me paraît pas avoir assez d'importance pour devoir troubler la paix de votre château. En reconnaissance de cette indulgence pour un scrupule frivole, ma fille redoublera, s'il est possible, de zèle et d'activité pour le service de sa jeune maîtresse.

La dame d'Aspramont saisit avec plaisir le moyen que cette offre lui procurait de se tirer d'embarras, en compromettant sa dignité le moins possible. Si monseigneur l'évêque approuvait un tel arrangement, dit-elle, elle ne s'y opposerait pas. Le prélat y donna son approbation d'autant plus volontiers qu'il savait que la jeune héritière désirait vivement que l'affaire se terminât ainsi. La paix fut donc rétablie dans le château, et Berthe prit le nom d'Agathe, comme nom de service, mais non de baptême.

Cette querelle produisit un effet certain; ce fut de porter jusqu'à l'enthousiasme l'attachement de Berthe pour sa jeune maîtresse. Avec cette attention délicate qui caractérise le domestique affectueux et l'humble ami, elle s'efforça de la servir comme elle savait que Brenhilda aimait à être servie, et par conséquent elle se prêtait à toutes ses fantaisies chevaleresques qui la rendaient singulière même dans le siècle où elle vivait, et qui, dans le nôtre, en aurait fait un Don Quichotte femelle. A la vérité, la frénésie de sa jeune maîtresse ne fut pas contagieuse pour Berthe; mais comme elle désirait lui plaire, et qu'elle était vigoureuse et fortement constituée, elle se mit bientôt en état de remplir les fonctions d'écuyer de la dame aventurière. Habituée dès son enfance à voir le sang couler dans les combats, elle pouvait contempler sans trop d'épouvante les périls auxquels Brenhilda s'exposait; et, à moins qu'ils ne fussent vraiment extraordinaires, elle la fatiguait rarement de remontrances. La complaisance presque uniforme qu'elle montrait à cet égard lui donnait le droit d'émettre son avis en certaines occasions; et comme elle le faisait toujours avec les meilleures intentions et en temps convenable, cette conduite augmentait son influence sur sa maîtresse, influence qu'elle aurait certainement perdue si elle avait eu l'air de vouloir se mettre en opposition directe avec elle.

Quelques mots de plus suffirent pour apprendre à Hereward la mort du chevalier d'Aspramont, le mariage romanesque de Brenhilda avec le comte de Paris, leur départ pour la croisade, et les divers événemens que le lecteur connaît déjà.

Hereward ne comprit pas exactement quelques-uns des derniers incidens de cette histoire, par suite d'un léger débat qui s'éleva entre Berthe et lui pendant le cours de ce récit. Quand elle avoua la simplicité presque puérile avec laquelle elle avait opiniâtrément refusé de changer de nom, parce qu'elle craignait que ce changement ne pût porter atteinte au serment d'amour qu'elle avait échangé avec son amant, il fut impossible à Hereward de ne pas la remercier de cette preuve de tendresse, en la serrant contre son cœur, et en imprimant sur les lèvres de sa maîtresse les marques de sa reconnaissance. Néanmoins elle se dégagea sur-le-champ de ses bras, et, les joues rouges de pudeur plutôt que de colère, elle lui dit d'un ton grave : — Assez, Hereward! assez! Ceci peut se pardonner après une rencontre si imprévue : mais nous devons à l'avenir nous rappeler que nous sommes probablement les derniers de notre race, et il ne faut pas qu'on puisse dire qu'Hereward et Berthe ont dégénéré des mœurs de leurs ancêtres. Pensez que, quoique nous soyons seuls, les esprits de nos pères ne sont pas loin, et qu'ils nous surveillent pour voir quel usage nous ferons d'une entrevue que leur intercession nous a peut-être procurée.

— Vous me faites tort, Berthe, répondit Hereward, si vous me supposez capable d'oublier mon devoir et le vôtre, dans un moment où nous devons rendre grâce au ciel, et lui témoigner notre reconnaissance tout autrement qu'en contrevenant à ses commandemens et aux préceptes de nos pères. La question maintenant est de savoir comment nous nous retrouverons quand nous serons séparés; car je crains bien que nous ne devions l'être encore.

— Et pourquoi donc nous séparer, Hereward? Pourquoi ne pas m'aider à délivrer ma maîtresse?

— Ta maîtresse! Fi, Berthe! Peux-tu donner ce nom à quelque femme que ce soit!

— Mais elle est ma maîtresse, Hereward; et je lui suis attachée par mille nœuds d'affection qui ne peuvent se rompre tant que la reconnaissance sera la récompense de la bonté.

— Et quel danger court-elle? de quoi a-t-elle besoin, cette dame si accomplie que tu appelles ta maîtresse?

— Son honneur et sa vie sont également en péril.

Elle a consenti à un combat singulier avec le césar, et, comme un vil mécréant, il n'hésitera pas à profiter de tous les avantages qu'il pourra avoir dans cette rencontre, qui probablement, hélas! sera fatale à ma maîtresse.

— Et pourquoi donc? Cette dame, cette comtesse de Paris, à moins que ce qu'on en dit ne soit faux, a remporté la victoire, dans bien des combats, sur des antagonistes plus formidables que le césar.

— Mais tu parles de combats soutenus dans un pays bien différent, où la bonne foi et l'honneur ne sont pas des mots vides de sens, comme je crains bien, hélas! qu'ils ne le soient ici. Crois-moi, ce n'est pas une vaine frayeur d'enfant qui m'oblige à sortir déguisée sous le costume de notre pays, qui, dit-on, est respecté à Constantinople, pour informer les chefs des croisés du péril dans lequel se trouve cette noble dame, et pour obtenir de leur humanité, de leur religion, de leur honneur, de leur crainte de la honte, le secours dont elle a un si pressant besoin en ce moment. — Maintenant que j'ai eu le bonheur de te retrouver, tout le reste ira bien. — Oui, tout ira bien, et je vais retourner près de ma maîtrese pour lui dire qui j'ai rencontré.

— Attends un moment, trésor précieux qui viens de m'être rendu, et laisse-moi réfléchir avec attention sur cette affaire. — Cette comtesse est Normande, et elle ne fait pas plus de cas des Saxons que de la poussière que tu secoues des plis de ses vêtemens. — Elle regarde et elle traite les Saxons comme des païens et des hérétiques. — Elle a osé t'imposer des travaux serviles, à toi née libre. — Le sabre de son père s'est plongé jusqu'à la poignée dans le sang des Anglo-Saxons. — Celui de Waltheoff et d'Engelred l'a peut-être souillé plus encore. — D'ailleurs, c'est une folle présomptueuse qui aspire à usurper les trophées et le renom militaire qui n'appartiennent qu'aux hommes. — Enfin il sera difficile de trouver un champion pour combattre à sa place, puisque tous les croisés sont maintenant en Asie, pays où ils disent qu'ils sont venus pour faire la guerre, et que les ordres de l'empereur ne laissent pas à un seul d'entre eux le moyen de revenir sur cette rive.

— Hélas! hélas! comme le monde nous change! J'ai connu autrefois le fils de Waltheoff, brave, intrépide, généreux, et toujours prêt à soulager l'infortune. C'était sous ces traits que je me le représentais pendant son absence. Je le revois, et je le trouve froid, timide et égoïste!

— Silence, Berthe! et apprends à connaître celui dont tu parles, avant de le juger. — La comtesse de Paris est tout ce que je viens de dire; et pourtant qu'elle se présente hardiment dans la lice. Quand la trompette aura sonné trois fois, une autre lui répondra, et annoncera l'arrivée de son noble époux, qui combattra pour elle. — Ou s'il ne paraissait pas, Berthe, eh bien! je paierais la comtesse de ses bontés pour toi en combattant moi-même à la place de son mari.

— Le feras-tu? le feras-tu réellement? s'écria Berthe. C'est parler comme le fils de Waltheoff; — ce sera agir en vrai descendant de sa race! — Je vais retourner près de ma maîtresse et la consoler; car bien sûrement, si le jugement de Dieu a jamais déterminé l'événement d'un combat judiciaire, son influence se fera connaître en cette occasion.— Mais tu me donnes à entendre que le comte est dans cette ville, — qu'il est en liberté. — Elle me fera des questions sur ce sujet.

—Il faut qu'elle se contente, répondit Hereward, de savoir que son époux est sous la direction d'un ami, qui s'efforcera de le défendre contre sa propre folie et son extravagance, ou du moins d'un homme qui, si l'on ne peut tout-à-fait lui donner le nom d'ami, n'a certainement pas joué et ne jouera pas à son égard le rôle d'un ennemi. — Et maintenant, adieu, chère Berthe, — si long-temps perdue, — si long-temps aimée! Avant qu'il en pût dire davantage, la jeune Saxonne, après avoir inutilement essayé deux ou trois fois de lui exprimer sa reconnaissance, se jeta entre les bras de son amant, et, malgré la réserve qu'elle avait montrée quelques instans auparavant, lui imprima sur les lèvres les remerciemens que sa bouche ne pouvait prononcer.

Ils se séparèrent. Berthe alla rejoindre sa maîtresse dans le pavillon, dont elle était sortie non sans peine et sans danger, et Hereward sortit des jardins par la porte que gardait la négresse, qui fit compliment au beau Varangien de ses succès auprès des belles, lui donnant à entendre qu'elle avait été témoin de son entrevue avec la belle Saxonne. Elle ajouta que de tels rendez-vous dans cette grotte n'étaient pas une chose fort extraordinaire. Une pièce d'or, faisant partie d'une distribution d'argent faite récemment aux fidèles Varangiens, suffit pour lui brider la langue; et Hereward, sortant des Jardins du Philosophe, retourna aux casernes aussi vite qu'il le put, jugeant qu'il était grand temps de songer à pourvoir aux besoins du comte Robert, qui avait passé toute la journée sans prendre de nourriture.

C'est un dicton populaire, que la sensation de la faim ne se rattache à aucune émotion douce et agréable, et qu'au contraire elle aiguise et irrite les mouvemens de colère et d'impatience. Il n'est donc pas bien étonnant que le comte Robert, qui était à jeun depuis si long-temps, reçût Hereward d'un air de mauvaise humeur, d'irritation, que ne méritait certainement pas l'honnête Varangien, qui, dans le cours de cette journée, avait plusieurs fois exposé sa vie pour rendre service à la comtesse et au comte lui-même.

— Eh bien! monsieur, dit-il avec cet accent de contrainte affectée par lequel un supérieur modifie son mécontentement en lui donnant une expression froide et dédaigneuse, vous agissez envers nous en hôte vraiment libéral! Ce n'est pas que cela soit de la moindre importance : mais il me semble qu'un comte du royaume le plus chrétien ne dîne pas tous les jours avec un soldat soudoyé, et qu'il pouvait attendre, sinon un luxe d'hospitalité, du moins le nécessaire.

— Et il me semble, comte très-chrétien, répondit le Varangien, que les hommes de votre rang, que leur choix ou leur destin oblige à recevoir l'hospitalité d'hommes de ma condition, peuvent se trouver satisfaits, et accuser non la parcimonie de leur hôte, mais la difficulté des circonstances où il se trouve, si le dîner n'est pas servi plus d'une fois en vingt-quatre heures. A ces mots, il frappa des mains, et

Edric, son domestique, entra. Le comte parut surpris de l'arrivée d'un tiers dans son lieu de retraite.
— Je réponds de cet homme, dit Hereward, et s'adressant à lui : — Eh bien ! lui demanda-t-il ; quels vivres as-tu à présenter à l'honorable comte?

— Rien que le pâté froid, répondit le soldat-domestique, et Votre Honneur y a fait une terrible brèche ce matin en déjeunant.

Edric, comme il venait de le dire, apporta un énorme pâté; mais il avait déjà subi une attaque si furieuse que le comte Robert, qui, comme tous les seigneurs normands, était assez difficile sur cet article, douta si ses scrupules ne devaient pas l'emporter sur son appétit. Cependant, en le regardant de plus près, la vue, l'odorat et un jeûne de vingt heures, se réunirent pour le convaincre que le pâté était excellent; et, voyant que le plat sur lequel il était servi offrait des coins auxquels il n'avait pas été touché, il résolut de l'attaquer de ce côté. Il s'interrompit bientôt pour prendre une coupe de très-bon vin rouge, dont un flacon, placé près de lui, semblait l'inviter à y faire honneur; un grand coup qu'il en but lui rendit toute sa bonne humeur et fit disparaître le déplaisir qu'il avait d'abord montré à Hereward.

— De par le ciel! dit-il enfin, je devrais être honteux de manquer moi-même de la courtoisie que je recommande aux autres. Me voici comme un manant flamand, dévorant les provisions de mon brave hôte, sans même l'engager à s'asseoir à sa propre table et à prendre sa part de sa bonne chère !

— A cet égard, je ne ferai pas de cérémonie, répondit Hereward. En enfonçant dans le pâté sa main qu'il en retira bien remplie, il en attaqua à son tour le contenu avec autant de zèle que de dextérité. Le comte se leva bientôt de table, un peu dégoûté de la manière barbare dont l'Anglo-Saxon mangeait. Et cependant Hereward, en appelant alors Edric pour qu'il contribuât à la démolition du pâté, prouva qu'il s'était encore imposé quelque contrainte par égard pour son hôte ; et grâce à l'aide du soldat qui le secondait, il eut bientôt débarrassé le plat de tout ce qui y restait. Le comte Robert se décida enfin à lui faire une question qui était sur ses lèvres depuis l'instant du retour d'Hereward.

— Tes recherches, mon brave ami, t'ont-elles appris quelque chose de plus relativement à ma malheureuse femme, ma fidèle Brenhilda?

— J'ai des nouvelles à vous apprendre; mais vous seront-elles agréables? c'est ce dont vous devez vous-même être juge. Voici ce que j'ai appris : — Vous savez déjà qu'elle a consenti à combattre le césar dans la lice; mais c'est à des conditions que vous trouverez peut-être étranges, et cependant elle les a acceptées sans scrupules.

— Quelles sont ces conditions? Elles paraîtront probablement moins étranges à mes yeux qu'aux tiens.

Mais tandis qu'il affectait de parler avec le plus grand sang-froid, les yeux étinçelans de l'époux et ses joues écarlates annonçaient la révolution qui s'était opérée dans son esprit.

— La comtesse Brenhilda et le césar, dit le Varangien, doivent se battre en champ clos, comme vous l'avez en partie entendu vous-même. Si la comtesse est victorieuse, elle continue, de droit, à être l'épouse du noble comte de Paris; si elle est est vaincue, elle devient la maîtresse du césar Nicéphore Brienne.

— A Dieu ne plaise, ni aux saints ni aux anges! s'écria le comte Robert. S'ils permettaient qu'une telle trahison triomphât, il serait pardonnable de douter de leur puissance.

— Il me semble pourtant que ce ne serait point une précaution honteuse, si vous, moi, et d'autres amis, dans le cas où nous pourrions en trouver, nous nous montrions dans la lice, le bouclier au bras, le jour du combat. La victoire ou la défaite sont entre les mains du destin : mais ce que nous ne pouvons manquer de voir, c'est si la comtesse est traitée avec cette impartialité à laquelle a droit tout honorable combattant, et à laquelle, comme vous l'avez vu vous-même, on peut quelquefois bassement déroger dans cet empire grec.

— A cette condition, et en protestant que, quand même je verrais mon épouse dans un extrême danger, je ne violerai pas les règles d'un combat honorable, je me rendrai certainement dans la lice, brave Saxon, si tu peux m'en procurer les moyens. — Un moment, pourtant, continua le comte après un instant de réflexion; il faut que tu me promettes de ne pas l'informer que son époux sera présent au combat, et surtout de bien te garder de me désigner à elle, parmi la foule de guerriers qui y assisteront. Tu ne sais pas que la vue d'un objet aimé nous dérobe quelquefois notre courage, même quand nous en avons le plus grand besoin.

— Nous tâcherons, répondit le Varangien, d'arranger les choses comme vous le désirez, pourvu que vous ne me suscitiez plus de difficultés romanesques; car, sur ma foi ! une affaire si compliquée par elle-même n'a pas besoin d'être embarrassée des subtilités bizarres de votre bravoure nationale. En attendant, j'ai bien des choses à faire ce soir, et tandis que je vais m'en occuper, vous ferez bien, sire chevalier, de rester ici déguisé sous les vêtemens qu'Édric vous procurera, et de vous contenter des vivres qu'il pourra vous fournir. Ne craignez pas de visites importunes de la part de vos voisins : nous autres Varangiens, nous respectons mutuellement nos secrets, quelle qu'en puisse être la nature.

CHAPITRE XXI.

> Quant à notre beau-frère, et cet indigne abbé,
> Et quiconque soutient leur infâme entreprise,
> De leur destin commun ce moment est la crise. —
> Bel oncle, pour Oxford fais partir des soldats :
> Qu'ils suivent en tous lieux la piste de leurs pas !
> J'en ai fait le serment : ils périront, les traîtres !
> SHAKSPEARE.

En prononçant les derniers mots rapportés dans le chapitre précédent, Hereward laissa le comte dans son appartement, et se dirigea vers le palais de Blaquernal. Nous avons rendu compte de sa première entrée à la cour ; mais depuis ce temps il y avait été mandé fréquemment, non-seulement par ordre de la princesse Anne Comnène, qui aimait à lui faire des questions sur les mœurs de son pays natal, et qui rédigeait avec son style ampoulé les réponses qu'elle en recevait, mais aussi par le commandement exprès de l'empereur lui-même, qui, comme tant d'autres princes, désirait obtenir des renseignemens directs de personnes qui occupaient à sa cour un rang très-inférieur. La bague que la princesse avait donnée à Hereward lui avait servi plus d'une fois de passeport; et elle était si bien connue des esclaves du palais qu'il n'eut qu'à la glisser dans la main de leur chef pour être introduit dans une petite chambre voisine du salon dédié aux Muses dont nous avons déjà parlé. L'empereur, son épouse Irène, et leur docte fille Anne Comnène, étaient assis dans ce petit appartement, couverts de vêtemens simples; et, dans le fait, tout l'ameublement de ce cabinet n'avait rien de plus somptueux que celui d'un simple particulier, si ce n'est que des portières rembourrées d'édredon étaient suspendues devant chaque porte pour déjouer la curiosité de ceux qui seraient tentés d'y écouter.

— Notre fidèle Varangien, dit l'impératrice.

— Mon guide et mon maître, dit la princesse Anne Comnène, en ce qui concerne les mœurs de ces hommes couverts d'acier, dont il est si nécessaire que je me fasse une idée exacte.

— J'espère, dit Irène, que Votre Majesté impériale ne pensera pas que son épouse et sa fille, inspirée par les Muses, soient de trop pour apprendre les nouvelles que vous apporte cet homme aussi brave que loyal.

— Mon épouse chérie, ma fille bien-aimée, répondit l'empereur, je vous ai épargné jusqu'ici le fardeau d'un secret pénible que j'ai renfermé dans mon propre sein, quoi qu'il m'en ait coûté. — Ma noble fille, c'est vous surtout qui sentirez tout le poids de cette calamité, en apprenant, comme il faut que vous l'appreniez, à ne penser qu'avec horreur à l'homme dont votre devoir vous a obligée jusqu'à présent à avoir une opinion toute différente.

— Sainte-Marie ! s'écria la princesse.

— Revenez à vous, ma fille, dit l'empereur. Souvenez-vous que vous êtes une fille de la chambre pourpre ; — que vous êtes née, non pour pleurer sur les injures faites à votre père, mais pour les venger ; — que vous ne devez pas attacher la moitié autant d'importance, même à l'homme qui a partagé votre couche, qu'à la grandeur impériale et sacrée à laquelle vous participez vous-même.

— Où peut tendre un pareil discours ? demanda Anne Comnène avec agitation.

— On dit, répondit l'empereur, que le césar paie d'ingratitude toutes mes bontés, même celle qui l'a fait entrer dans ma famille et qui l'a rendu mon fils d'adoption. Il s'est lié avec une bande de traîtres, dont les noms seuls suffiraient pour évoquer le malin esprit.

— Est-il possible que Nicéphore ait agi ainsi ? s'écria la princesse, surprise et consternée ; Nicéphore, qui a si souvent appelé mes yeux les lumières qui éclairaient le sentier qu'il suivait ? A-t-il pu se conduire de la sorte à l'égard de mon père, dont il écoutait les exploits jour par jour, protestant qu'il ne savait si c'était la beauté du style ou l'héroïsme des actions rapportées qui l'enchantait davantage ? Il partage toutes mes pensées, voit avec les mêmes yeux, aime le même cœur. — O mon père ! il est possible qu'il ait eu tant de fausseté ! Songez au temple des Muses, dont nous sommes si près.

—Si j'y songeais, murmura Alexis au fond de son cœur, je songerais à la seule excuse qu'on puisse trouver à sa trahison. Un peu de miel peut faire plaisir, mais on s'en dégoûte quand il faut avaler le gâteau tout entier. — Ma fille, dit-il alors en parlant tout haut, consolez-vous ; il nous en a coûté à nous-même pour ajouter foi à cette triste et horrible vérité. Mais le fait est que nos gardes ont été débauchés ; que leur commandant, l'ingrat Achillès Tatius, et Agélastès, non moins traître, se sont laissé séduire, et devaient contribuer à assurer notre emprisonnement ou notre assassinat. Hélas ! malheureuse Grèce ! c'est au moment où tu as le plus besoin des tendres soins d'un père que tu devais en être privée par un coup soudain et impitoyable.

Ici l'empereur versa des larmes. — Il serait difficile de dire si elles étaient occasionées par la perte qu'auraient pu faire ses sujets ou par celle de sa propre vie, qui se trouvait menacée.

— Il me semble, dit Irène, que Votre Majesté impériale met bien de la lenteur à prendre des mesures contre ce danger.

— Avec votre permission, ma mère, dit la princesse, je dirais plutôt que mon père a été bien prompt à y croire. Il me semble que le témoignage d'un Varangien, quoique je rende justice à sa valeur, est une bien faible preuve contre l'honneur de votre gendre ; — contre la vaillance et la fidélité éprouvée du commandant de votre garde, — et contre le jugement, la vertu et la profonde sagesse du plus grand de vos philosophes.

— Ajoutez, dit l'empereur, et contre l'amour-propre aveugle d'une fille trop savante, qui ne veut pas permettre à son père de juger ce qui le touche de si près. Je vous dis, Anne, que je les connais tous, et que je sais quel degré de confiance on peut accorder à chacun d'eux. — Oui, je connais l'honneur de votre Nicéphore, — la vaillance et la fidélité de l'Acolouthos, — la vertu et la sagesse d'Agélastès.—Ne les ai-je pas eus tous suspendus aux cordons de ma bourse ? Et si elle avait continué à être bien remplie, si mon bras était resté aussi fort qu'il l'était naguère, ils seraient encore ce qu'ils étaient autrefois. Mais les papillons s'éloignent quand le temps se refroidit, et il faut que je résiste à la tempête sans leur secours. — Vous dites que je n'ai pas de preuves ! J'en ai suffisamment quand je vois le danger ; et cet honnête soldat m'a communiqué des indices qui sont d'accord avec les remarques particulières que j'ai faites avec soin. — Il sera le Varangien des Varangiens. — Il sera nommé Acolouthos, en place du traître qui occupe cette place. — Et qui sait ce que la bonté de son maître peut encore faire pour lui !

— S'il plaît à Votre Majesté, dit Hereward, qui avait jusqu'alors gardé le silence, bien des gens, dans cet empire, doivent leur élévation à la chute de leurs anciens protecteurs ; mais c'est une route à la grandeur qui ne peut se concilier avec ma conscience. D'ailleurs, je viens de retrouver une personne à qui je suis attaché, et dont j'étais séparé depuis bien long-temps ; et avant peu je compte demander à Votre Majesté impériale la permission de quitter un pays où je laisserai derrière moi des milliers d'ennemis, et d'aller passer ma vie, comme un grand nombre de mes compatriotes, sous les bannières de Guillaume, roi d'Écosse.

— Te séparer de moi, le plus admirable des hommes! s'écria Alexis avec emphase. Et où pourrai-je trouver un ami, — un fils aussi fidèle?

— Noble empereur, répondit l'Anglo-Saxon, je suis sensible, sous tous les rapports, à votre bonté et à votre munificence : mais permettez-moi de vous supplier de m'appeler par mon propre nom, et de ne me promettre que de me pardonner d'avoir été la cause d'une telle révolution parmi les serviteurs de Votre Majesté impériale. Non-seulement il me sera pénible de voir le destin dont sont menacés Achillès Tatius, mon bienfaiteur, le césar qui, je crois, me voulait du bien, et même Agélastès, et de penser que j'y aurai contribué; mais j'ai vu aussi ceux à qui Votre Majesté prodigue aujourd'hui les expressions les plus flatteuses de son contentement, destinés le lendemain à servir de pâture aux corneilles et aux corbeaux; et je ne me soucierais pas qu'on eût à dire que j'ai apporté pour un pareil sort mes membres anglais sur les côtes de la Grèce.

— Que je t'appelle par ton propre nom, mon Édouard! dit l'empereur. — Et il ajouta tout bas en même temps : Par le ciel! j'ai encore oublié le nom de ce Barbare! — Oui, certainement, je t'appellerai par ton propre nom, quant à présent, et jusqu'à ce que j'aie trouvé un titre plus digne de la confiance que je t'accorde. En attendant, jette les yeux sur ce parchemin. Il contient, je crois, tous les détails que nous avons pu apprendre sur cette conspiration; donne-le ensuite à ces femmes incrédules, qui refusent de croire qu'un empereur soit en danger, jusqu'à ce qu'elles entendent les poignards des conspirateurs frapper sur ses côtes.

Hereward fit ce qui lui était ordonné, et ayant parcouru cet écrit, et indiqué, en baissant la tête, qu'il en approuvait le contenu, il le présenta à l'impératrice. Irène ne fut pas long-temps à le lire, et le remettant à sa fille d'un air si courroucé qu'elle eut peine à lui indiquer le passage qui causait son indignation : — Lis cela, lui dit-elle, lis, et juge de la reconnaissance et de l'affection de ton césar !

La princesse Anne Comnène sortit d'un état de mélancolie profonde et accablante, et jeta un coup d'œil sur le passage qui lui avait été désigné, d'abord avec un air de curiosité languissante, mais qui fit bientôt place au plus vif intérêt. Son œil s'enflamma d'indignation, ses mains tenaient le parchemin, comme les serres d'un faucon tiennent sa proie, et ce fut d'une voix semblable au cri de cet oiseau quand il est en fureur qu'elle s'écria : — Traître faux et sanguinaire ! que voulais-tu donc de plus ? — Non, mon père, dit-elle en se levant avec courroux, une princesse trompée n'intercédera plus auprès de vous pour épargner au traître Nicéphore le destin qu'il a si bien mérité. — Croit-il pouvoir congédier une épouse née dans la pourpre, — l'assassiner, peut-être, — avec la vaine formule des Romains : — Rends-moi les clefs, ne sois plus chargée des travaux intérieurs de ma maison (1) ? — Une fille de la race des Comnènes

---

(1) Formule laconique du divorce chez les Romains. (*Note de l'auteur*).

est-elle faite pour être exposée à des insultes que le plus vil des simples citoyens se permettrait à peine envers la femme qui a soin de sa maison!

A ces mots, elle essuya les pleurs qui lui tombaient des yeux, et ses traits, qui avaient ordinairement autant de douceur que de beauté, s'animèrent au point d'offrir l'expression d'une furie. Hereward la regarda avec un mélange de crainte, de dégoût et de pitié. Elle éclata de nouveau; car la nature, qui l'avait douée de grands talens, lui avait donné en même-temps des passions énergiques bien supérieures à la froide ambition d'Irène, ainsi qu'à la duplicité et à la politique rusée et astucieuse de l'empereur lui-même.

— Il en sera puni! s'écria la princesse, sévèrement puni! — Le traître, avec ses sourires et ses caresses perfides! Et cela pour une Barbare qui a abjuré son sexe! — J'en avais quelque soupçon lors du repas que nous prîmes chez ce vieux fou. Et cependant, si cet indigne césar s'expose à la chance des armes, il a moins de prudence que je n'avais de bonnes raisons pour lui en supposer. — Croyez-vous qu'il aura la folie de nous faire une insulte si publique, mon père? — Ne trouverez-vous pas quelque moyen d'assurer notre vengeance?

— Oh, oh! pensa l'empereur; voilà une difficulté de levée. Elle prendra le mors aux dents pour courir à la vengeance, et elle aura besoin de frein et de bride plutôt que d'éperons. Si toutes les femmes jalouses de Constantinople se livraient à une telle fureur, nos lois sur le divorce seraient écrites avec du sang, comme celle de Dracon. — Écoutez-moi maintenant, dit-il tout haut, vous, ma femme, vous, ma fille, et toi aussi, mon cher Édouard ; et je vous apprendrai, et à vous seuls, la manière dont je prétends conduire le vaisseau de l'état à travers tous ces écueils.

Reconnaissons distinctement, continua Alexis, les moyens qu'ils se proposent d'employer, et ils nous apprendront ce que nous devons y opposer. Un certain nombre de Varangiens ont été séduits, sous prétexte de griefs que leur perfide général a mis adroitement en avant pour les animer. Une portion d'entre eux doivent être placés auprès de notre personne. — Le traître Ursel est mort, à ce que pensent quelques-uns ; mais, quand il en serait ainsi, son nom suffit pour réunir tous ses anciens complices. J'ai le moyen de les satisfaire sur ce point, mais je ne m'explique pas à cet égard pour le moment. — Un corps nombreux des Immortels s'est aussi laissé séduire, et il doit être placé de manière à soutenir la poignée de Varangiens qui sont entrés dans le complot contre notre personne. — Or un léger changement dans la distribution des postes, — et toi, mon fidèle Édouard... ou... ou... n'importe ton nom... tu auras plein pouvoir pour le faire, — dérangeras les plans des conspirateurs, et placeras nos fidèles soldats dans une position qui leur permettra de les entourer, et de les tailler en pièces sans grand embarras.

— Et le combat, sire? demanda l'Anglo-Saxon.

— Tu ne serais pas un vrai Varangien si tu ne m'avais pas fait cette question, répondit Alexis avec un air de bonne humeur. Eh bien ! ce combat, c'est le césar qui l'a imaginé, et nous aurons soin qu'il ne se dérobe pas aux dangers qui peuvent en résulter. Il ne peut, par honneur, refuser de combattre cette femme, quelque étrange que soit le combat ; et, de quelque manière qu'il se termine, la conspiration éclatera ; et comme ce sera contre des gens bien préparés et bien armés, elle sera étouffée dans le sang des conspirateurs.

— Ma vengeance n'exige pas ce combat, dit la princesse, et d'une autre part votre honneur impérial est intéressé à ce que cette comtesse soit protégée.

— Cela ne m'importe guère, répondit l'empereur ; elle arrive ici avec son mari sans y être invitée ; il se conduit insolemment en ma présence, et il mérite tout ce qui peut résulter, pour lui et pour sa femme, de leur folle entreprise. Au fond, je ne voulais guère que l'effrayer par la vue de ces animaux que son ignorance croyait enchantés, et donner à sa femme une idée alarmante de l'impétuosité d'un amant grec. Mais à présent que j'ai joui de cette petite vengeance, il est possible que je prenne cette comtesse sous ma protection.

— Quelle pitoyable vengeance ! dit l'impératrice. Vous, arrivé à l'âge mûr, et ayant une épouse qui peut mériter quelque attention, vouloir donner des alarmes jalouses à un aussi bel homme que le comte Robert, et des inquiétudes à sa femme !

— Non pas, dame Irène ; non pas, si vous le permettez, dit Alexis ; j'ai confié ce rôle, dans la comédie que je voulais me donner, à mon gendre le césar.

Mais, en fermant ainsi en quelque sorte une écluse,

le pauvre empereur ne fit qu'en ouvrir une autre encore plus terrible.

— C'est encore plus indigne de votre sagesse impériale, mon père! s'écria la princesse Anne Comnène. N'est-il pas honteux qu'avec une prudence et une barbe comme la vôtre, vous vous mêliez de folies indécentes qui troublent l'intérieur des familles et même celle de votre propre fille? Qui peut dire que le césar Nicéphore Brienne ait jamais jeté les yeux sur une autre femme que son épouse avant que l'empereur lui eût appris à le faire, et l'eût enveloppé ainsi dans un tissu d'intrigues et de trahisons qui finissent par mettre en danger la vie de son beau-père?

— Ma fille! ma fille! s'écria l'impératrice, il faut être fille d'une louve, je crois, pour charger son père de tels reproches dans un si malheureux moment, quand tout le loisir qu'il peut avoir lui suffit à peine pour défendre sa vie!

— Silence, toutes deux, femmes! dit Alexis, et finissez vos clameurs insensées! Laissez-moi du moins nager pour sauver ma vie, sans m'étourdir par votre sottise! Dieu sait si je suis homme à encourager, je ne dirai pas le mal, mais seulement ce qui en a l'apparence.

Il prononça ces mots en faisant le signe de la croix et avec un dévot gémissement. En ce moment son épouse Irène s'avança devant lui, et lui dit, avec une amertume dans le regard et dans l'accent, qui ne pouvait provenir que d'une haine conjugale long-temps concentrée qui rompait enfin toutes les digues:

— Alexis, terminez cette affaire comme il vous plaira;

vous avez vécu en hypocrite, et vous ne manquerez pas de mourir de même! A ces mots elle sortit de l'appartement d'un air d'indignation, et emmena sa fille avec elle.

L'empereur la regarda partir avec quelque confusion, mais il recouvra bientôt sa présence d'esprit; et, se tournant vers le Varangien avec un air de majesté blessée, il lui dit: — Ah! mon cher Édouard (car ce nom s'était enraciné dans son esprit au lieu de celui moins coulant d'Hereward)! tu vois ce qui arrive même aux plus grands de la terre! tu vois que l'empereur lui-même, dans des momens de difficulté, est exposé à voir ses sentimens mal interprétés aussi bien que le dernier bourgeois de Constantinople. Cependant, mon affection pour toi est si grande, Edouard, que je désire que tu sois convaincu que le caractère de ma fille Anne Comnène ressemble non à celui de sa mère, mais plutôt au mien. Tu vois avec quelle fidélité religieuse elle respecte les indignes liens dont elle est chargée; mais j'espère qu'ils seront bientôt brisés, et que Cupidon lui imposera d'autres chaînes qui seront plus légères à porter. Édouard, toute ma confiance est en toi. Le hasard nous présente une occasion, heureuse entre toutes si nous savons en profiter, d'avoir tous les traîtres rassemblés devant nous sur le même terrain. Pense donc, ce jour-là, comme le disent les Francs dans leurs tournois, que de beaux yeux te regardent. Tu ne saurais t'imaginer un don qu'il soit en mon pouvoir de te faire que je ne t'accorde avec plaisir.

— N'importe, dit le Varangien avec quelque froideur; ma plus haute ambition est de mériter qu'on lise cette épitaphe sur mon tombeau : *Hereward fut fidèle*. Je vais pourtant demander à Votre Majesté impériale une preuve de confiance, preuve que vous trouverez peut-être un peu trop forte.

— Vraiment! dit l'empereur. Eh bien! voyons, en un mot, quelle est donc ta demande?

— La permission d'aller au camp de Godefroy de Bouillon, et de requérir sa présence dans la lice pour être témoin de ce combat extraordinaire.

— Pour qu'il revienne avec ses fous de croisés, et qu'il fasse le sac de Constantinople sous prétexte de venger ses confédérés? Varangien, c'est du moins faire connaître tes intentions ouvertement.

— Non! de par le ciel! s'écria précipitamment Hereward. Le duc de Bouillon ne viendra qu'avec un nombre suffisant de chevaliers pour former une garde raisonnable dans le cas où l'on userait de trahison à l'égard de la comtesse de Paris.

— Eh bien! je t'accorderai même cette demande. Mais si tu trahis ma confiance, Édouard, songe bien que tu perds tout ce que mon amitié t'a promis, et que tu encours la damnation due au perfide qui trahit par un baiser.

— Quant à la récompense dont vous m'avez parlé, noble empereur, je renonce formellement à toute prétention à cet égard. Quand le diadème sera plus fermement établi sur votre tête, et que le sceptre sera plus assuré en votre main, si je vis encore, et que mes faibles services puissent le mériter, je ne demanderai de votre bonté que les moyens de quitter cette cour, et de retourner dans l'île éloignée qui m'a vu naître. En attendant, ne croyez pas que je puisse vous manquer de fidélité, quoique j'en aie les moyens pour le moment. Votre Majesté impériale apprendra qu'Hereward lui est aussi fidèle que votre main droite l'est à la gauche.

A ces mots il prit congé de l'empereur en le saluant profondément.

L'empereur le suivit des yeux d'un air qui annonçait une admiration mêlée de doute.

— Je lui ai accordé tout ce qu'il a voulu, se dit-il à lui-même, et je lui ai donné les moyens de me perdre entièrement, s'il en a l'intention. Il n'a qu'à dire un mot, et toute cette bande de croisés extravagans, que j'ai su me concilier au prix de tant de fausseté et de plus d'argent encore, reviendra mettre Constantinople à feu et à sang, et semer du sel sur le terrain que cette ville occupe aujourd'hui. J'ai fait ce que j'avais résolu de ne jamais faire : j'ai hasardé mon empire et ma vie, en me confiant à la foi du fils d'une femme. Combien de fois me suis-je dit et juré que je ne me mettrais jamais dans un tel péril ! Et cependant je m'y suis laissé entraîner pas à pas. Je ne saurais dire comment cela se fait, mais il y a dans les regards et dans les paroles de cet homme un air de bonne foi qui l'emporte sur ma méfiance; et ce qui est le plus incroyable, c'est que ma confiance en lui a augmenté en proportion de l'indépendance et de l'audace qu'il me montrait. Comme le rusé pêcheur, je lui ai présenté tous les appâts que j'ai pu imaginer, et quelques uns de nature à ne pas être dédaignés par un roi, et il ne s'est laissé prendre à aucun : et cependant il avale, si je puis parler ainsi, l'hameçon non amorcé, et il entreprend de me servir sans une ombre d'intérêt personnel. Est-il possible que ce soit un raffinement de trahison? Serait-ce ce qu'on appelle désintéressement? Si je le croyais perfide, il n'est pas encore trop tard; il n'a pas encore passé le pont; il n'est pas hors de la portée des gardes du palais, qui ne savent ni hésiter ni désobéir. Mais non, je me trouverais seul alors : il ñe me resterait ni un ami ni un confident. J'entends ouvrir la porte extérieure du palais : le sentiment intime du danger me rend certainement l'oreille meilleure que de coutume. La porte se ferme. Le dé est jeté : il est en liberté; et Alexis doit régner ou périr, suivant la foi incertaine d'un Varangien à sa solde.

Il frappa des mains; un esclave parut; il lui demanda du vin. Il but, et son courage se ranima. — J'y suis décidé, dit-il, et j'attendrai avec fermeté le résultat de ce coup de dé, qu'il soit heureux ou malheureux.

A ces mots il se retira dans son appartement, et on ne le revit plus de la soirée.

CHAPITRE XXII.

Le son d'une trompette ! Est-ce un signal de mort ?
CAMPBELL.

Le Varangien, l'esprit agité par les affaires importantes dont il était chargé, s'arrêtait de temps en temps en traversant au clair de lune les rues de Constantinople, pour méditer les pensées qui se présentaient tout-à-coup à son imagination, et les considérer avec exactitude sous toutes les faces. Elles étaient de nature tantôt à exciter son courage, tantôt à l'alarmer ; et chacune d'elles était bannie à son tour par des réflexions opposées. Il se trouvait dans une de ces conjonctures où l'âme d'un homme ordinaire se sent incapable de supporter le poids d'un fardeau soudain qui lui est imposé, et où, au contraire, celle d'un homme doué d'une énergie peu commune, et de ce don du ciel le plus précieux, le bon sens, sent ses talens s'éveiller et prendre l'essor qui convient, tel qu'un bon coursier monté par un cavalier plein de courage et d'expérience.

Comme il était dans un de ces accès de rêverie qui, pendant cette nuit, avaient suspendu plus d'une fois sa marche fière et belliqueuse, Hereward crut avoir entendu de loin le bruit d'une trompette. Le son de cet instrument à une pareille heure, dans les rues de Constantinople, annonçait quelque chose d'extraordinaire ; car tous les mouvemens des troupes étant réglés par des ordres spéciaux, on n'avait pu interrompre le silence solennel de la nuit sans un motif important. Mais quel était ce motif ? c'était ce qu'il ne pouvait deviner.

La conspiration avait-elle éclaté inopinément et par suite de mesures différentes de celles que les conspirateurs avaient adoptées ? En ce cas, sa rencontre, après tant d'années d'absence avec celle dont la main lui avait été promise, n'était que le prélude trompeur d'une séparation éternelle. Les croisés, gens dont il était difficile de calculer les mouvemens, avaient-ils pris les armes, et étaient-ils revenus tout à coup des côtes de l'Asie pour surprendre la ville ? Cette supposition n'avait rien d'impossible : on avait donné aux croisés tant de sujets différens de plainte, que, maintenant qu'ils étaient pour la première fois réunis en un seul corps, et qu'ils avaient entendu les récits qu'ils pouvaient réciproquement se faire de la perfidie des Grecs, il était naturel et peut-être même excusable qu'ils se livrassent à des idées de vengeance.

Mais le son qu'il entendait rassemblait à un appel régulier. Ce n'était point ce tumulte confus de trompettes et de clairons qui accompagne et qui annonce la prise d'une ville quand les horreurs de l'assaut n'ont pas encore fait place à la paix sévère que les vainqueurs, fatigués de carnage et gorgés de butin, accordent enfin aux malheureux habitans. Quel que pût être le motif de ce signal inusité, il était nécessaire qu'Hereward en fût informé. Il avança donc dans une grande rue voisine des casernes, d'où le son paraissait partir; et, dans le fait, il avait encore d'autres raisons pour prendre ce chemin.

Les habitans de ce quartier de la ville ne paraissaient pas très-agités par ce signal guerrier. La lune éclairait la rue, que traversait l'ombre gigantesque des tours de l'église de Sainte-Sophie, dont les infidèles avaient fait leur principale mosquée depuis qu'ils étaient en possession de cette ville. Personne ne se montrait dans les rues, et si quelqu'un se mettait à sa porte ou à sa fenêtre, sa curiosité semblait promptement satisfaite, car il se retirait sur-le-champ et se renfermait dans sa maison.

Hereward ne put s'empêcher de se rappeler les traditions que racontaient les vieillards de sa tribu dans les épaisses forêts du Hampshire, et qui parlaient de chasseurs invisibles poursuivant, avec des chiens et des chevaux également invisibles, un gibier qu'eux seuls pouvaient voir, dans la profondeur des bois de la Germanie. Il lui semblait que c'étaient les mêmes sons qui devaient faire retentir ces bois pendant cette chasse étrange, et porter la terreur dans l'âme de ceux qui les entendaient.

— Fi! se dit-il, en réprimant un certain penchant à la même crainte superstitieuse; des idées puériles doivent-elles se présenter à l'idée d'un homme qui a obtenu tant de preuves de confiance, et de qui l'on paraît attendre tant de choses? Il continua donc à marcher, sa hache appuyée sur son épaule; et accostant la première personne qu'il vit se hasarder à se mettre à sa porte, il lui demanda la cause de cette musique martiale à une heure si extraordinaire.

— Je ne saurais vous le dire, répondit le citoyen, qui ne paraissait disposé ni à rester en plein air, ni à entendre de nouvelles questions. C'était l'habitant politique de Constantinople que nous avons vu figurer au commencement de cette histoire; et il se hâta de rentrer chez lui pour éviter un plus long entretien.

Le lutteur Stephanos était debout à la porte suivante, qui était décorée d'une guirlande de chêne et de lierre, en l'honneur de quelque victoire qu'il avait récemment remportée. Il ne songea point à faire retraite; encouragé en partie par la force physique qu'il se connaissait, en partie par un caractère sombre et bourru, que les gens de cette espèce prennent souvent pour un véritable courage. Son flatteur et son admirateur Lysimaque se tenait à demi caché derrière ses larges épaules.

Hereward lui fit, en passant, la même question qu'il avait adressée à l'autre citoyen: — Savez-vous ce que signifie le son de ces trompettes à une pareille heure?

— A en juger par votre hache et votre casque, répondit Stephanos d'un ton brusque, vous devriez le savoir mieux que personne; car ce sont vos trompettes, et non les nôtres, qui troublent les honnêtes gens dans leur premier sommeil.

— Drôle! s'écria le Varangien d'un ton qui fit tressaillir le lutteur. Mais ce n'est pas quand cette trompette sonne qu'un soldat a le temps de punir l'insolence comme elle le mérite.

Le Grec rentra à la hâte dans sa maison, et, dans sa précipitation, renversa presque l'artiste Lysimaque, qui écoutait ce qui se passait.

Hereward arriva aux casernes. La musique semblait avoir fait une pause. Mais, à l'instant où il passait le seuil de la porte pour entrer dans la cour, le son des trompettes éclata de nouveau avec une telle force qu'il en fut presque étourdi, quelque habitué qu'il y fût.

— Que signifie tout cela, Engelbrech? demanda-t-il au factionnaire varangien qui se promenait devant la porte, la hache à la main.

— C'est la proclamation d'un défi et d'un combat, répondit Engelbrech. Il se prépare d'étranges choses, camarade; ces enragés croisés ont mordu les Grecs, et ils les ont infectés de leur fureur pour les combats singuliers, comme on dit que les chiens se communiquent la rage.

Hereward ne répondit point à la sentinelle, mais il continua à avancer pour aller rejoindre un groupe de ses compagnons qui étaient dans la cour, à demi armés, ou, pour mieux dire, sans armes, s'étant levés à la hâte pour se rassembler autour des trompettes, qui étaient rangés en bon ordre et en grand uniforme. Celui qui portait l'instrument gigantesque destiné à annoncer les ordres exprès de l'empereur était à sa place, et les musiciens étaient suivis d'un détachement de Varangiens armés, à la tête desquels Achillès Tatius se trouvait lui-même. Hereward, dont les compagnons se rangèrent pour lui faire place, remarqua aussi, en approchant, que six des hérauts de l'empereur étaient de service en cette occasion. Deux d'entre eux avaient déjà fait la proclamation, qui, répétée ensuite par deux autres, devait l'être une troisième fois par les deux derniers, comme c'était l'usage à Constantinople quand il s'agissait de publier un mandat impérial de grande importance. Dès qu'Achillès Tatius eut aperçu son confident, il lui fit signe, et Hereward comprit que son chef voulait lui parler après la proclamation. Les hérauts la firent dans les termes ci-après, quand les trompettes eurent terminé leur fanfare.

— De par l'autorité du resplendissant et divin prince Alexis Comnène, empereur du très-saint empire romain ! La volonté de Sa Majesté impériale est de faire connaître ce qui suit à tous et à chacun de ses sujets, de quelque race qu'ils soient descendus, et devant quelque autel qu'ils fléchissent le genou. — Sachez donc, dit-il, que le second jour après la date des présentes, notre gendre bien-aimé le très-estimé césar, s'est chargé de combattre notre ennemi juré Robert, comte de Paris, pour s'être permis insolemment d'occuper notre siége impérial, comme aussi de briser, en notre présence sacrée, ces chefs-d'œuvre précieux qui ornaient notre trône, et qu'on nommait par tradition les Lions de Salomon. Et pour qu'il ne puisse rester un seul homme en Europe qui ose dire que les Grecs sont en arrière des autres parties du monde, dans aucun des exercices guerriers usités parmi les nations chrétiennes, lesdits nobles ennemis, renonçant à tout secours tiré de trahison, des talismans et de la magie, videront cette querelle en trois courses avec des lances émoulues, et en trois passes d'armes avec des sabres bien affilés; sa très-honorable Majesté l'empereur devant être le juge du champ de bataille, et en décider suivant son bon plaisir très-gracieux et infaillible. Et qu'ainsi Dieu prouve le bon droit!

Une autre fanfare termina la cérémonie. Achillès congédia alors ses soldats, les hérauts et les musiciens, qui se retirèrent chacun de leur côté; et Hereward s'étant approché de lui, il lui demanda s'il avait appris quelque chose du prisonnier Robert, comte de Paris.

— Rien que ce que contient votre proclamation, répondit le Varangien.

— Tu crois donc qu'elle se fait de l'aveu du comte?

— A coup sûr. Je ne connais que lui qui puisse répondre qu'il se présentera dans la lice.

— Sur ma foi, mon brave Hereward! tu as le cerveau un peu obtus. Il faut que tu saches que ce fou ineffable, notre césar, a eu l'extravagance de croire que sa chétive intelligence était au niveau de celle d'Achillès Tatius. Il se montre délicat sur le point d'honneur; il ne peut supporter qu'on suppose qu'il ait appelé une femme au combat. Il a donc substitué le nom du mari à celui de la femme. Si le comte ne se présente pas dans la lice, le césar se donnera des airs de triomphe à bon marché, puisqu'il n'aura pas trouvé d'antagoniste; et il demandera que la comtesse lui soit livrée comme captive de son arc et de sa lance redoutables. Ce sera le signal d'un tumulte général, au milieu duquel, Alexis, s'il n'est pas tué sur la place, sera jeté dans ses propres cachots du Blaquernal, pour y subir le destin que sa cruauté a infligé à tant d'autres.

— Mais...

— Mais... mais... mais,.. Tu es un fou. Ne peux-tu voir que ce vaillant césar veut éviter le risque d'une rencontre avec la femme, tandis qu'il désire vivement qu'on le croie disposé à combattre le mari? Ce que nous avons à faire, c'est de disposer les apprêts de ce combat, de manière à réunir sous les armes tous ceux qui sont préparés à l'insurrection, afin qu'ils puissent jouer leur rôle. Veille seulement à placer près de la personne de l'empereur les amis dont nous sommes sûrs, et à en écarter cette portion des gardes dont l'empressement officieux pourrait être disposé à le secourir ; et, soit que le césar combatte un comte ou une comtesse, soit qu'il y ait un combat ou non, la révolution sera accomplie, et les Tatius remplaceront les Comnènes sur le trône de Constantinople. — Va, mon fidèle Hereward. Tu n'oublieras pas que le mot de ralliement des insurgés est Ursel. Il vit encore dans l'affection du peuple, quoique son corps, dit-on, soit enterré depuis longtemps dans les cachots de Blaquernal.

— Et qui était cet Ursel, dont j'entends parler de tant de manières différentes?

— Un homme qui disputa la couronne à Alexis Comnène ; un homme brave, honnête, vertueux, et qui fut renversé par l'astuce de son ennemi, plutôt que par sa bravoure. Je crois qu'il est mort dans les cachots de Blaquernal ; mais quand et comment, c'est ce que peu de gens pourraient dire. Mais, allons, mon Hereward, de l'activité ! Encourage nos Varangiens, et engages-en dans notre parti un aussi grand nombre que tu le pourras. Quant aux Immortels, comme on les appelle, et aux citoyens mécontens, nous en comptons assez qui sont préparés à pousser le cri de l'insurrection, et à suivre l'exemple de ceux sur qui nous devons compter pour commencer l'entreprise. L'astuce d'Alexis, et le soin qu'il prend d'éviter toutes les assemblées publiques, ne le protégeront pas plus long-temps. Son honneur ne lui permet pas de se dispenser d'assister à un combat qui doit avoir lieu sous ses propres yeux ; et béni soit Mercure, qui m'a accordé assez d'éloquence pour le déterminer, après quelque hésitation, à ordonner cette proclamation !

— Vous avez donc vu Alexis ce soir ?

— Si je l'ai vu ? sans contredit. Aurais-je fait sonner ces trompettes sans son autorisation ? Ce son aurait suffi pour faire tomber ma tête de dessus mes épaules.

— J'ai donc été sur le point de vous rencontrer au palais, dit Hereward, dont le cœur battait comme s'il eût réellement fait cette rencontre dangereuse.

— J'en ai appris quelque chose, dit Achillès ; je sais que tu as été prendre les derniers ordres de celui qui joue encore le rôle de souverain. Si je t'y avais vu avec cet air intrépide, et en apparence si ouvert et si honnête, occupé à tromper ce Grec rusé à force de franchise, à coup sûr je n'aurais pu m'empêcher de rire du contraste de ta physionomie avec tes secrètes pensées.

— Dieu seul connaît le fond de nos cœurs, répondit Hereward ; mais je le prends à témoin que je serai fidèle à mes promesses, et que je m'acquitterai de la tâche qui m'a été confiée.

— Bravo, mon honnête Anglo-Saxon! Dis, je te prie, à mes esclaves de venir me désarmer, et quand tu quitteras toi-même ces armes de simple garde-du corps, dis-leur qu'elles ne seront plus que deux jours entre les mains d'un homme à qui le destin réserve un poste plus digne de lui.

Hereward n'osa se fier à sa voix pour répondre à ce discours dans un moment si critique, et saluant profondément son chef, il regagna son appartement dans les casernes.

Dès qu'il y entra, le comte Robert le salua d'un ton joyeux, et à haute voix, comme s'il ne craignait plus d'être entendu, quoique la prudence eût dû lui faire sentir la nécessité d'être circonspect.

— L'as-tu entendu, mon cher Hereward? s'écriat-il, as-tu entendu la proclamation par laquelle cet antilope grec me défie au combat à lances émoulues, et à trois passes d'armes avec des sabres bien affilés? Cependant il est assez étrange qu'il ne juge pas plus sûr de combattre la comtesse. Il croit peut-être que les croisés ne permettraient pas un tel combat; mais, par Notre-Dame des Lances Rompues! il ne sait pas que les hommes de l'Occident sont aussi jaloux de la réputation de courage de leurs femmes que de la leur. J'ai passé toute la soirée à réfléchir quelle armure je prendrai, comment je me procurerai un coursier, et si je ne lui ferai pas assez d'honneur en n'opposant que Tranchefer à toutes ses armes offensives et défensives.

— J'aurai soin, néanmoins, dit Hereward, qu'en cas de besoin vous ne soyez pas pris au dépourvu. — Vous ne connaissez pas les Grecs.

CHAPITRE XXIII.

Le Varangien ne quitta le comte de Paris qu'après que celui-ci lui eut remis son cachet, *semé,* pour nous servir du langage du blason, *de lances brisées,* et portant cette fière devise : « La mienne est encore intacte. » Muni de ce symbole de confiance, il lui fallait alors prendre des mesures pour informer le chef des croisés de la solennité qui se préparait, et lui demander, au nom de Robert de Paris et de la comtesse Brenhilda, un détachement de cavaliers assez considérable pour assurer la stricte observation des règles du tournoi dans l'arrangement de la lice et pendant la durée du combat. Les devoirs qu'Hereward avait à remplir étaient de nature à le mettre dans l'impossibilité de se rendre personnellement au camp de Godefroy; et quoiqu'il y eût un grand nombre de Varangiens sur la fidélité desquels il eût pu compter, il n'en connaissait point, parmi ceux qui se trouvaient immédiatement sous ses ordres, à l'intelligence desquels il pût entièrement se fier, dans une circonstance aussi nouvelle. Dans cette perplexité, il se dirigea, sans trop savoir ce qu'il faisait, vers les jardins d'Agélastès, où le hasard lui fit de nouveau rencontrer Berthe.

A peine Hereward lui eût-il fait connaître l'embarras où il se trouvait, que la fidèle Berthe eut pris son parti.

— Je vois, dit-elle, que c'est à moi de courir le risque de cette aventure. Et pourquoi ne le ferais-je pas? Ma maîtresse, au sein de la prospérité, voulut quitter pour moi la maison paternelle; j'irai pour elle au camp de ce seigneur franc. C'est un homme d'honneur, un chrétien plein de piété; ses soldats sont des soldats pleins de zèle pour la religion : une femme, chargée d'un tel message, ne peut avoir rien à craindre au milieu de pareils hommes.

Le Varangien connaissait trop bien les mœurs des camps pour permettre à Berthe d'entreprendre seule un pareil voyage. Il choisit donc pour l'accompagner un vieux soldat dont le dévouement lui était acquis par de longs services et de nombreux actes de bienveillance; et après avoir répété à Berthe, dans tous ses détails, le message qu'elle allait porter, il lui recommanda de se tenir prête au lever de l'aurore, et il reprit le chemin des casernes.

A la pointe du jour, Hereward était de retour, et il trouva Berthe à l'endroit même où il l'avait quittée la veille. Il était accompagné du fidèle soldat aux soins duquel il voulait la confier. En peu d'instants, il les vit à bord d'une barque qui était amarrée dans le port. Le maître de ce petit bâtiment les admit sans difficulté, après avoir examiné un instant leur permission de passer à Scutari, qui était donnée au nom de l'Acolouthos, comme s'ils étaient autorisés à cette traversée par cet infâme conspirateur ; et elle contenait un signalement qui convenait parfaitement au vieil Osmond et à sa compagne.

La matinée était superbe ; et la ville de Scutari ne tarda pas à s'offrir aux regards des voyageurs, étalant, comme aujourd'hui, cette architecture variée qui, bien que fantastique et bizarre, a des droits incontestables à l'admiration. Les édifices s'élevaient hardiment du sein d'un bois touffu de cyprès, et d'autres arbres de dimensions colossales, qu'ils devaient sans doute au respect qu'ils inspiraient comme ornant les cimetières et étant les gardiens des morts.

A l'époque dont nous parlons, une autre circonstance, non moins frappante qu'admirable, donnait un nouvel intérêt à cette cité. Une grande partie de cette armée, composée de tant de nations diverses, qui était venue pour reconquérir sur les Infidèles les saints lieux dans la Palestine et le saint sépulcre lui-même, avait formé un camp à un mille environ de Scutari. On n'y voyait guère d'autres tentes que les pavillons de quelques chefs de haut rang ; mais les soldats s'étaient construit des huttes temporaires, qui offraient un coup d'œil agréable, décorées de feuillages et de fleurs, et surmontées de pennons et de bannières offrant diverses devises : elles annonçaient que la fleur de l'Europe se trouvait en cet endroit. Un bourdonnement varié, et ressemblant à celui d'une ruche prête à essaimer, partait du camp des croisés et arrivait jusqu'à la ville de Scutari ; et de temps en temps ce bruit sourd était couvert par des accens plus aigus, par le son des instrumens de musique, et par les cris encore plus élevés, que la crainte ou la gaieté arrachait aux femmes et aux enfans.

Berthe débarqua enfin ; et comme elle approchait d'une des petites portes du camp, elle en vit sortir une troupe brillante de cavaliers, de pages et d'écuyers, qui promenaient les chevaux de leurs maîtres ou les leurs. D'après le bruit qu'ils faisaient en conversant, en criant, en galoppant et en faisant pirouetter et cabrer leurs coursiers, on aurait dit que les devoirs du service les avaient fait sortir du camp avant que le repos eût entièrement dissipé les fumées du vin qu'ils avaient bu la veille. Dès qu'ils aperçurent Berthe et ses deux compagnons, ils s'en approchèrent en poussant des cris qui annonçaient qu'ils étaient Italiens.

— All' erta! all' erta! roba de guadagno, cameradi (1) !

Ils entourèrent l'Anglo-Saxonne et ses compagnons en continuant leurs cris de manière à la faire trembler. Que venait-elle faire dans le camp? demandèrent-ils tous en même temps.

— Je voudrais parler au général en chef, répondit Berthe; j'ai un message secret pour son oreille.

Pour l'oreille de qui ? demanda un des principaux cavaliers, beau jeune homme d'environ dix-huit ans, qui paraissait avoir les idées plus saines que ses compagnons ; quel est celui de nos chefs que vous désirez voir?

— Godefroy de Bouillon, répondit Berthe.

— Oui-dà! reprit le page qui avait parlé le premier.

---

(1) Alerte ! alerte ! voilà du butin, camarades ! (*Note de l'auteur.*)

Rien de moins ne peut-il vous suffire? Nous sommes jeunes et passablement riches. Monseigneur de Bouillon est vieux, et s'il a quelques sequins, il n'est pas homme à les dépenser de cette manière.

— J'ai un gage de ma mission à lui montrer, répondit Berthe, un gage qu'il reconnaîtra, et il ne saura pas très-bon gré à quiconque m'empêchera d'arriver librement jusqu'à lui. En lui montrant un petit écrin dans lequel était enfermée la bague du comte, elle ajouta : Je vous le confierai, si vous me promettez de ne pas l'ouvrir, et de me faire parler au noble chef des croisés.

J'y consens, dit le jeune homme; et, si tel est le bon plaisir du duc, vous serez admise en sa présence.

— Ernest d'Apulie, s'écria un de ses compagnons, ton esprit friand s'est laissé prendre au trébuchet.

— Tu es un fou ultramontain, Polydore, répondit Ernest; il peut y avoir dans cette affaire plus d'importance que ton esprit et le mien ne sont en état d'en découvrir. Cette jeune femme, et un des hommes qui l'accompagnent, portent un costume qui appartient à la garde impériale varangienne. Ils sont peut-être chargés d'un message de l'empereur, et le choix de pareils messagers peut fort bien se concilier avec la politique d'Alexis. Conduisons-les donc en tout honneur à la tente du général.

— De tout mon cœur, dit Polydore. Une drôlesse aux yeux bleus est un morceau friand; mais je n'aime pas la sauce du grand-prévôt, ni la manière dont il habille ceux qui cèdent à la tentation (1). Cependant,

(1) Les croisés qui é'aient reconnus coupables de certaines of-

avant de me montrer aussi fou que mon camarade, je voudrais bien savoir quelle est cette jolie fille qui vient ici pour rappeler à de nobles princes et à de pieux pèlerins qu'ils ont eu, dans leur temps, leurs passions comme le reste des autres hommes.

Berthe s'avança et dit quelques mots à l'oreille d'Ernest. Cependant Polydore et le reste de la bande joyeuse se livrèrent à une foule de plaisanteries bruyantes et grossières, qui, quoique caractérisant les interlocuteurs, ne sont pas de nature à être transcrites ici. L'effet qu'elles produisirent fut d'ébranler jusqu'à un certain point le courage de la jeune Saxonne, qui eut quelque peine à reprendre assez de présence d'esprit pour leur adresser la parole. — Si vous avez des mères, messieurs, leur dit-elle, si vous avez des sœurs, que vous voudriez protéger au prix du plus pur de votre sang, si vous aimez et honorez les lieux saints que vous avez juré de délivrer des mains des Infidèles, ayez compassion de moi, afin d'obtenir gloire et succès dans votre entreprise.

—Ne craignez rien, jeune fille, dit Ernest; je vous servirai de protecteur. Et vous, mes camarades, laissez-vous guider par mon avis. Pendant que vous étiez à tapager, j'ai jeté un coup-d'œil, un peu contre ma promesse, sur le gage de sa mission qu'elle vient de me remettre; et si celle à qui il a été confié est insultée ou maltraitée, soyez sûrs que Godefroy de Bouillon en tirera une vengeance sévère.

---

fenses étaient enduits de poix et de plumes pour en faire pénitence, quoique ce châtiment passe pour être une invention moderne.

— Si tu peux nous donner une telle garantie, camarade, dit Polydore, je m'empresserai moi-même de conduire cette jeune femme en tout honneur à la tente du duc de Bouillon.

— Les princes doivent être sur le point d'y tenir un conseil, dit Ernest. Ce que j'ai dit, je le garantirai et le soutiendrai de mon bras et de ma vie. Je pourrais porter plus loin mes conjectures, mais je dois laisser cette jeune fille parler elle-même.

— Que le ciel vous récompense, digne écuyer! dit Berthe; et puisse-t-il vous accorder autant de bonheur que de bravoure! Ne vous inquiétez de moi que pour me conduire en sûreté devant votre chef Godefroy.

— Nous perdons le temps, dit Ernest en se jetant à bas de son cheval. Vous n'êtes pas une Orientale efféminée, aimable fille, et je présume que vous ne trouverez pas de difficulté à conduire un cheval docile.

— Pas la moindre, répondit Berthe. Et, s'enveloppant de sa mante, elle sauta sur le coursier plein d'ardeur aussi légèrement qu'une linote se perche sur un rosier. Et maintenant, monsieur, ajouta-t-elle, comme ma mission n'admet réellement pas de délai, je vous serai obligée de me conduire sur-le-champ à la tente du duc Godefroy de Bouillon.

En profitant de la politesse du jeune écuyer, Berthe commit l'imprudence de se séparer du vieux Varangien; mais Ernest n'avait que des intentions honorables, et il la conduisit à travers les tentes et les huttes, au pavillon du célèbre général en chef des croisés.

— Il faut que vous m'attendiez ici quelques instans,

sous la garde de mes compagnons, dit Ernest (car deux ou trois pages les avaient accompagnés par curiosité pour voir comment finirait cette aventure), pendant que je vais prendre les ordres du duc de Bouillon.

Berthe ne pouvait s'opposer à cette proposition, et elle n'eut rien de mieux à faire qu'à admirer l'extérieur du pavillon. C'était un présent que l'empereur Alexis, dans un de ses accès de munificence et de générosité, avait fait au chef des Francs. Il était soutenu par de grands pieux, taillés en forme de lances, et qui semblaient d'or massif. Les rideaux étaient d'une étoffe épaisse, travaillée en soie, en coton et en fil d'or. Les gardes qui l'entouraient étaient, du moins pendant la tenue du conseil, de graves vieillards, la plupart écuyers au service personnel des souverains qui avaient pris la croix, et à qui par conséquent on pouvait confier la garde de cette assemblée sans avoir à craindre qu'ils ne vinssent à jaser de ce qu'ils pourraient entendre. Ils avaient l'air sérieux et réfléchi, et paraissaient des hommes qui s'étaient enrôlés non par une envie frivole de courir les aventures, mais pour le motif le plus grave et le plus solennel. Un d'eux arrêta le jeune Italien et lui demanda quelle affaire l'autorisait à se présenter dans le conseil des croisés, dont la séance était déjà ouverte. Le page répondit en disant son nom : — Ernest d'Otrante, page du prince Tancrède. Et il ajouta qu'il venait annoncer une jeune femme chargée d'un message pour le duc de Bouillon, et qui avait à présenter un gage de sa mission.

Pendant ce temps, Berthe quitta sa mante et arrangea le reste de son costume à la manière des Anglo-Saxons. A peine avait-elle fini cette sorte de toilette, que le page du prince Tancrède revint pour la conduire devant le conseil de la croisade. Elle le suivit au signal qu'il lui fit, tandis que les autres jeunes gens qui l'avaient accompagnée, surpris de la facilité avec laquelle elle avait été admise, se retirèrent à une distance respectueuse du pavillon, et se mirent à discuter sur la singularité de cette aventure.

Cependant l'ambassadrice entra dans la salle du conseil ; sa physionomie, animée par une expression aimable de timidité et de modestie, annonçait en même temps une détermination bien arrêtée de faire son devoir, quoi qu'il pût en arriver. Le conseil était composé d'une quinzaine des principaux croisés, présidés par Godefroy. C'était un personnage robuste et de grande taille, arrivé à cette époque de la vie où l'homme est regardé comme n'ayant rien perdu de sa résolution, tandis qu'il a acquis une sagesse et une circonspection inconnues à ses premières années. L'expression des traits de Godefroy annonçait tout à la fois la prudence et la hardiesse, et ressemblait à ses cheveux, parmi lesquels quelques fils d'argent commençaient à se mêler à des tresses noires.

A peu de distance de lui était assis Tancrède, le plus noble des chevaliers chrétiens; Hugues, comte de Vermandois, généralement appelé le Grand Comte ; l'égoïste et astucieux Bohémond ; le puissant Raymond, comte de Provence, et plusieurs autres des principaux croisés, tous plus ou moins complétement armés.

Berthe ne souffrit pas que le courage lui manquât. S'avançant avec une grâce timide vers Godefroy, elle lui remit en main la bague que lui avait rendue le jeune page; et, après lui avoir fait une profonde révérence, elle lui adressa la parole en ces termes :

— Godefroy, duc de Bouillon, comte de la Basse-Lorraine, chef de la sainte entreprise appelée la croisade; et vous tous, ses camarades, pairs et compagnons, quel que soit le titre qui vous est dû; moi, humble fille d'Angleterre, fille d'Engelred, originairement franklin dans le Hampshire, et depuis chef des Forestiers ou Anglo-Saxons libres, sous le commandement du célèbre Édric; je réclame la croyance due au porteur de la bague que je viens de vous remettre de la part d'un seigneur qui n'occupe pas le dernier rang parmi vous, Robert, comte de Paris.

— Notre très-honorable confédéré, dit Godefroy en regardant la bague. Je crois, messieurs, que la plupart de vous doivent connaître ce cachet : un champ semé de fragmens de lances brisées. — La bague fut passée de main en main, et généralement reconnue.

Quand Godefroy l'en eut informée, elle continua ainsi qu'il suit :

— C'est donc à tous les vrais croisés, aux compagnons de Godefroy de Bouillon, et spécialement au duc lui-même, que je m'adresse; à tous, dis-je, à l'exception de Bohémond d'Antioche, que le comte Robert regarde comme indigne de son attention.

—Ah! indigne de son attention! s'écria Bohémond; que voulez-vous dire, jeune fille? Mais c'est le comte de Paris qui m'en rendra raison !

— Avec votre permission, il n'en sera rien, dit

Godefroy. Nos réglemens nous défendent de nous envoyer des cartels les uns aux autres ; et si une affaire ne peut être arrangée à l'amiable entre les parties, il doit en être référé à cet honorable conseil.

— Je crois deviner à présent ce dont il s'agit, reprit Bohémond. Le comte de Paris est courroucé contre moi parce que, le soir qui a précédé notre départ de Constantinople, je lui ai donné un bon conseil dont il a négligé de profiter.

— Cela s'expliquera plus aisément quand nous aurons entendu son message, dit Godefroy. Parlez, jeune fille ; dites-nous ce dont vous a chargé le comte Robert, afin que nous puissions discuter avec ordre une affaire qui jusqu'à présent nous paraît assez obscure.

Berthe reprit la parole ; et après avoir raconté en peu de mots les événemens qui venaient de se passer, elle termina ainsi : — Le combat doit se livrer demain matin, deux heures après le lever du soleil; et le comte prie le noble duc de Bouillon de permettre à une cinquantaine de lances de France d'assister à ce fait d'armes, et d'obtenir par leur présence que le combat ait lieu avec cette loyauté franche et honorable qu'il a quelque raison de douter de rencontrer en son adversaire. Si quelques jeunes et vaillans chevaliers désirent être présens à ce combat, le comte regardera leur présence comme un honneur ; mais il désire positivement que les noms de ces chevaliers soient comptés soigneusement, et que le nombre des croisés armés qui se rendront dans la lice ne s'élève pas, en tout, à plus de cinquante lances. Ce nombre suffira pour assurer la protection requise, et, s'il était plus considérable, il serait regardé comme un acheminement à des agressions contre les Grecs, et occasionerait le renouvellement de querelles qui maintenant sont heureusement terminées.

Dès que Berthe eut fini de prononcer son manifeste, et qu'elle eût salué avec grâce le conseil, une sorte de conversation à demi-voix eut lieu dans l'assemblée, mais l'entretien ne tarda pas à devenir plus animé.

Quelques-uns des plus vieux chevaliers du conseil firent valoir fortement le vœu qu'ils avaient fait de ne pas tourner le dos à la Palestine, maintenant qu'ils avaient mis la main à la charrue, et ils furent appuyés par deux ou trois prélats qui venaient d'y arriver pour prendre part aux délibérations. D'une autre part, les jeunes chevaliers furent enflammés d'indignation en apprenant avec quelle perfidie leur compagnon avait été retenu, et peu d'entre eux auraient voulu perdre l'occasion d'être témoins d'un combat en champ-clos dans un pays où un tel spectacle était si rare, et lorsqu'il devait avoir lieu à si peu de distance.

Godefroy appuya son front sur sa main, et parut être dans une grande perplexité. Rompre avec les Grecs, après avoir enduré tant d'injures pour se procurer l'avantage de maintenir la paix avec eux, semblait une mesure peu politique, un sacrifice de tout ce qu'il avait obtenu par une patience longue et pénible à l'égard d'Alexis Comnène. D'un autre côté, son honneur l'obligeait à prendre fait et cause pour le comte de Paris, que son caractère bouillant et chevaleresque avait rendu le favori de toute l'armée. Il s'agissait aussi de la cause d'une belle dame, d'une dame intrépide : chaque chevalier de l'armée se croirait obligé par son vœu de voler à sa défense. Quand Godefroy prit la parole, ce fut pour se plaindre de la difficulté de prendre un parti et du peu de temps qu'on avait pour y réfléchir.

—Avec toute soumission pour monseigneur le duc de Bouillon, dit Tancrède, j'étais chevalier avant d'être croisé, et j'avais prononcé les vœux de la chevalerie avant de placer cet emblème sacré sur mon épaule. Le premier vœu qui a été fait doit être accompli le premier. Je ferai donc pénitence pour avoir négligé un moment d'exécuter le second, et j'observerai celui qui me rappelle au devoir le plus sacré de la chevalerie, qui est de secourir une dame en détresse qui se trouve entre les mains de gens que leur conduite envers elle et envers cette armée me donne le droit, sous tous les rapports, d'appeler traîtres et perfides.

— Si mon parent Tancrède veut réprimer son impétuosité, dit Bohémond, et que vous, messeigneurs, vous soyez disposé à écouter mon avis, comme vous avez quelquefois daigné le faire, je crois pouvoir vous proposer un moyen qui vous permettra de secourir nos compagnons de pèlerinage dans leur danger urgent, sans violer en rien le vœu que vous avez fait. Je vois se diriger vers moi quelques regards de soupçon ; ce qui est probablement occasioné par la manière grossière dont ce guerrier fougueux, et je pourrais dire ce jeune insensé, a déclaré qu'il ne voulait pas de mon assistance. Tout mon crime est de l'avoir averti, tant par mes paroles que par mon exemple, de la trahison qu'on méditait contre lui, et de lui avoir conseillé la circonspection et la tempérance. Il a méprisé mes avis, il a négligé de suivre mon exemple, et il est tombé dans le piége qui était tendu pour ainsi dire devant ses yeux. Cependant le comte de Paris, en m'insultant imprudemment, n'a fait que céder à un caractère aigri par l'infortune et le désappointement. Je suis si loin d'en concevoir du ressentiment, qu'avec la permission du duc de Bouillon et du conseil, je me rendrai en toute hâte sur le lieu du combat avec cinquante lances, chacune ayant à sa suite au moins dix hommes, ce qui portera cette troupe auxiliaire à cinq cents hommes, à l'aide desquels je ne doute guère que je ne puisse efficacement secourir le comte et son épouse.

— C'est parler noblement, dit le duc de Bouillon; et c'est pardonner charitablement une injure, ce qui convient à notre expédition chrétienne. Mais notre frère Bohémond a oublié la principale difficulté, le serment que nous avons prêté de ne jamais tourner le dos à la Palestine dans notre saint voyage.

— Si nous pouvons, en cette occasion, éluder ce serment, reprit Bohémond, il est de notre devoir de le faire. Sommes-nous assez mauvais cavaliers, ou nos chevaux sont-ils assez mal dressés, pour que nous ne puissions les conduire à reculons jusqu'au lieu de l'embarquement à Scutari? Nous pouvons les faire arriver à bord du bâtiment du même pas rétrograde; et, une fois en Europe, où nous ne sommes pas liés par le même serment, nous tirons de tout danger le comte et la comtesse de Paris, et notre vœu reste enregistré sans rature dans la chancellerie du ciel.

— Il me semble, dit Godefroy, que c'est éluder la question plutôt que la résoudre. Cependant de pareils subterfuges ont été admis par les clercs les plus savans et les plus scrupuleux, et je n'hésite pas plus à adopter l'expédient proposé par Bohémond que si l'ennemi, attaquant notre arrière-garde, rendait une contre-marche une manœuvre de nécessité absolue.

Un cri général s'éleva : — Longue vie au brave Bohémond! Quelle honte pour nous si nous ne volions pas au secours d'un si vaillant chevalier et d'une dame si aimable, quand nous pouvons le faire sans violer notre vœu!

Il se trouva dans l'assemblée, surtout parmi le clergé, quelques individus qui pensèrent que le serment par lequel les croisés s'étaient solennellement liés devait être littéralement exécuté. Mais Pierre l'Ermite, qui faisait partie du conseil, et qui jouissait d'une grande influence, déclara que son opinion était que, puisque l'observation exacte de leur vœu tendrait à diminuer les forces de la croisade, il serait absurde de s'y astreindre et de l'exécuter littéralement, si l'on pouvait l'éluder au moyen d'une interprétation libérale.

Il offrit de faire marcher lui-même à reculons l'animal qu'il montait, c'est-à-dire son âne. Il fut cependant détourné de ce projet par les remontrances de Godefroy de Bouillon, qui craignit qu'il ne devînt un sujet de scandale aux yeux des païens; mais il argumenta si bien, que les chevaliers, bien loin de se faire un scrupule de cette contre-marche, se disputèrent à qui aurait l'honneur de faire partie du détachement qui allait retourner à Constantinople, pour être témoin du combat, et ramener à l'armée le brave comte de Paris, victorieux, comme personne n'en doutait, et l'amazone son épouse.

L'autorité de Godefroy mit fin à ces débats. Il choisit lui-même les cinquante chevaliers qui devaient composer le détachement. Il les prit de différentes nations, et leur donna pour chef le jeune Tancrède d'Otrante. Godefroy retint près de lui Bohémond, malgré ses réclamations, sous prétexte que la connaissance qu'il avait du pays et des habitans était absolument nécessaire pour mettre le conseil en état d'arrêter le plan de la campagne en Syrie. Au fond, il craignait l'égoïsme d'un homme qui avait autant de ressource dans l'esprit que de talens militaires, et qui, se trouvant chargé d'un commandement séparé, pourrait se laisser tenter par les diverses occasions qui se présenteraient d'augmenter son pouvoir et ses domaines au préjudice de la croisade. Les jeunes gens qui devaient faire partie de l'expédition s'empressèrent surtout de se procurer des coursiers bien dressés, et en état de pratiquer avec aisance et docilité la manœuvre d'équitation à laquelle on devait avoir recours pour rendre légitime un mouvement rétrograde. Tous les préparatifs étant enfin terminés, le détachement reçut ordre de se former en arrière, c'est-à-dire sur la ligne orientale du camp des croisés.

Pendant ce temps, Godefroy donna à Berthe un message pour le comte de Paris. Après l'avoir légèrement blâmée de ne pas avoir mis plus de circonspection dans ses relations avec les Grecs, il l'informait qu'il envoyait à son aide un détachement de cinquante lances, avec le nombre ordinaire d'écuyers, de pages, d'hommes d'armes et d'arbalétriers, le tout faisant un corps de cinq cents hommes, sous les ordres du vaillant Tancrède. Le duc lui apprenait aussi qu'il lui envoyait en outre une armure de l'acier le mieux trempé que Milan pût fournir, et un excellent cheval de bataille, dont il l'engageait à se servir le jour du combat ; car Berthe l'avait informé en particulier que le comte manquait de l'équipement nécessaire à un chevalier. On amena donc devant le pavillon le cheval complètement bardé, c'est-à-dire couvert de caparaçons en acier, et chargé de l'armure destinée au comte : Godefroy en mit lui-même la bride entre les mains de Berthe.

— Ne crains pas de le monter, lui dit-il, il est aussi doux et aussi docile que brave et léger. Mets-toi en selle hardiment, et ne quitte pas le côté du noble prince d'Otrante, qui protègera fidèlement une jeune fille qui a fait preuve aujourd'hui d'autant d'adresse que de courage et de fidélité.

Berthe s'inclina profondément, et ses joues se chargèrent de vives couleurs en recevant cet éloge de la bouche d'un homme dont le mérite et les talens étaient si généralement estimés qu'ils l'avaient élevé au poste éminent de chef d'une armée qui comptait les capitaines les plus braves et les plus distingués de toute la chrétienté.

— Quels sont ces deux hommes ? demanda Godefroy en montrant les deux compagnons de Berthe, qu'il voyait à quelque distance de son pavillon

— L'un, répondit l'Anglo-Saxonne, est le maître de la barque qui m'a amenée ici ; l'autre est un vieux

Varangien qui m'a accompagnée pour me servir de protecteur.

— Comme ils peuvent être venus pour exercer leurs yeux ici et leur langue sur l'autre rive, reprit le général des croisés, je ne juge pas prudent de leur permettre de vous suivre. Ils ne partiront qu'un peu de temps après vous. Les habitans de Scutari ne comprendront pas sur-le-champ quelles sont nos intentions, et je désire que le prince Tancrède et sa suite soient les premiers à annoncer leur arrivée.

Berthe fit connaître à ses compagnons la volonté du général des croisés, sans leur en expliquer le motif. Ils commencèrent tous deux à se plaindre vivement; le batelier, de l'interruption apportée à ses travaux journaliers; Osmond, du retard que souffrirait son service. Mais Berthe les quitta, par ordre de Godefroy, en les assurant qu'ils ne seraient pas retenus long-temps à Scutari. Se trouvant ainsi abandonnés, chacun d'eux s'occupa de son amusement favori. Le batelier passa son temps à examiner tout ce qui était nouveau pour lui; et Osmond, ayant accepté un déjeûner que lui offrirent quelques domestiques, se trouva bientôt en face d'un si bon flacon de vin rouge que cette compagnie lui aurait fait supporter patiemment un destin plus fâcheux que celui qu'il éprouvait.

Le détachement de Tancrède, composé de cinquante lances et de leur suite ordinaire, formant cinq cents hommes bien armés, fit un léger repas à la hâte, prit ses armes, et monta à cheval avant la chaleur de midi. Après quelques manœuvres dont les Grecs de Scutari ne purent comprendre le motif, quoique leur curiosité eût été excitée par la vue des préparatifs de ce corps d'élite, les croisés, sur le point de partir, se formèrent en une seule colonne sur quatre de front. Quand les chevaux furent rangés en cette position, tous les cavaliers commencèrent à les faire reculer : c'était un mouvement auquel ils étaient accoutumés aussi bien que leurs chevaux ; mais, quand on vit la même évolution rétrograde se continuer, et ce détachement de croisés sur le point d'entrer dans la ville de Scutari d'une manière si étrange, les citoyens commencèrent à soupçonner la vérité. Enfin le cri devint général quand on vit Tancrède et quelques autres, dont les coursiers étaient supérieurement dressés, arriver au port, s'emparer d'une galère dans laquelle ils firent passer leurs chevaux, sans égard à l'opposition des officiers impériaux chargés de la garde du port, et s'éloigner du rivage.

D'autres croisés n'accomplirent pas leur dessein si facilement. Les cavaliers ou les chevaux étant moins habitués à conserver si long-temps une allure si gênante, plusieurs chevaliers, après avoir fait trois ou quatre cents pas à reculons, crurent avoir suffisamment accompli leur vœu ; et, en entrant dans la ville au pas ordinaire, ils s'emparèrent de quelques bâtimens, qui, malgré les ordres de l'empereur grec, étaient restés sur la rive asiatique du détroit. Quelques cavaliers moins habiles éprouvèrent divers accidens ; car, quoique ce fût un proverbe du temps, que rien n'est si hardi qu'un cheval aveugle, cependant ce mode d'équitation, d'après lequel ni le cheval ni le cavalier ne pouvaient voir où ils allaient, fit que quelques chevaux tombèrent; d'autres rencontrèrent, en reculant, des obstacles dangereux, et les cavaliers eux-mêmes eurent beaucoup plus à souffrir que dans une marche ordinaire.

Les cavaliers qui tombèrent de cheval auraient couru risque d'être tués par les Grecs, si Godefroy, surmontant ses scrupules religieux, n'eût employé un escadron pour les tirer d'embarras. La plus grande partie de la suite de Tancrède réussit à s'embarquer, et il n'y eut que vingt à trente hommes qui restèrent en arrière. Cependant, pour faire la traversée, le prince d'Otrante lui-même et la plupart de ses compagnons furent obligés de se charger de la besogne peu chevaleresque de manier la rame. Ils n'y trouvèrent pas peu de difficulté, tant à cause du vent et de la marée que faute de pratique dans cet exercice. Godefroy lui-même, placé sur une hauteur voisine, suivait des yeux leur marche avec inquiétude, et voyait à regret la peine qu'ils avaient à avancer, peine qu'augmentait la nécessité de naviguer de conserve et d'attendre les bâtimens montés par de plus mauvais rameurs, ce qui retardait considérablement la marche de la petite flottille. Cependant ils faisaient quelques progrès, et le général en chef ne douta pas qu'avant le coucher du soleil ils n'arrivassent sans accident sur l'autre rive du détroit.

Il quitta enfin son poste d'observation, en y laissant une sentinelle de confiance, avec ordre de venir l'avertir dès que le détachement toucherait la rive opposée. Le soldat pourrait aisément distinguer les bâtimens à l'aide des yeux seuls, s'il faisait jour alors; et si, au contraire, la nuit tombait avant qu'ils arrivassent, le prince d'Otrante avait ordre d'allumer des feux, qui devaient être disposés d'une manière particulière, comme un signal de danger, si les Grecs leur opposaient quelque résistance.

Godefroy fit alors venir devant lui les autorités grecques de Scutari, et leur annonça qu'il se trouvait dans la nécessité de garder les bâtimens qui étaient dans le port ; car, en cas de besoin, il était déterminé à envoyer une forte division de son armée pour soutenir ceux de ses compagnons qui étaient déjà partis. Il retourna ensuite à son camp, dont le bruit confus, augmenté par les diverses discussions qui avaient lieu sur les événemens de la journée, se mêlait aux sons rauques des flots de l'Hellespont.

FIN DU TOME DEUXIÈME.

AVIS.

Cette livraison complète l'édition in-18 sur papier grand-jésus vélin, entreprise en 1827 en société avec MM. A. Sautelet et C°. Le long espace de temps qui s'est écoulé depuis l'époque de la publication de la première livraison jusqu'aujourd'hui, et les les événemens de toute nature qui se sont succédés, nous ayant fait craindre de perdre un grand nombre de souscripteurs, le tirage de cette 27° livraison a été réduit de moitié. Nous croyons devoir en prévenir ceux de Messieurs les Souscripteurs qui sont dans l'intention de compléter leur exemplaire, afin qu'ils n'aient pas de reproches à nous faire, si plus tard nous étions dans l'impossibilité de satisfaire à leurs désirs.

Nous prévenons les personnes dont les exemplaires sont dépareillés, qu'il nous reste encore quelques-unes des dernières livraisons.

N. B. La 27° et dernière livraison contient *Robert de Paris*, le *Château périlleux* et des *Romans-Contes* que sir Walter Scott a fait insérer dans des *keepsakes anglais*. Notre édition se trouve ainsi définitivement *complète*, puisqu'il n'est jamais entré dans notre plan d'y comprendre les *ouvrages historiques* ou *critiques*, sauf la *Biographie des romanciers*, qui compose les tomes 7, 8 et 10. Quant à la *Notice historique*, par M. Amédée Pichot, elle forme un *ouvrage à part*, et lorsque l'auteur sera prêt à la mettre *sous presse*, nous l'annoncerons à nos souscripteurs, et nous n'en ferons tirer que pour les personnes qui se seront fait inscrire à l'avance.

(Voir *l'Avis au relieur* sur l'atlas de la 27° livraison.)

www.ingramcontent.com/pod-product-compliance
Lightning Source LLC
Chambersburg PA
CBHW050320170426
43200CB00009BA/1391